大地湾探索文丛
Dadiwan Exploration
Literature Series

印象大地湾
中国原始社会的小太阳
IMPRESSION
OF DADIWAN

徐兆寿 主编

敦煌文艺出版社

图书在版编目（CIP）数据

印象大地湾 / 徐兆寿 主编． —— 兰州：敦煌文艺出版社，2018.12（2022.1重印）
ISBN 978-7-5468-1682-1

Ⅰ．①印… Ⅱ．①徐… Ⅲ．①新石器时代文化－文化遗址－研究－甘肃 Ⅳ．① K878.04

中国版本图书馆 CIP 数据核字（2018）第 289026 号

印象大地湾

徐兆寿　主编

统　　筹：马吉庆
责任编辑：张家骝
装帧设计：马吉庆

敦煌文艺出版社出版、发行
地址：（730030）兰州市城关区读者大道 568 号
邮箱：dunhuangwenyi1958@163.com
博客（新浪）：http://blog.sina.com.cn/lujiangsenlin
微博（新浪）：http://weibo.com/1614982974
0931-8773148（编辑部）　　0931-8773112（发行部）

北京一鑫印务有限责任公司印刷
开本 787 毫米 ×1092 毫米　1/16　印张 14.5　插页 1　字数 210 千 2019 年 7 月第 1 版　2022 年 1 月第 2 次印刷
印数：1 001～3 000

ISBN 978-7-5468-1682-1
定价：98.00 元

如发现印装质量问题，影响阅读，请与出版社联系调换。
本书所有内容经作者同意授权，并许可使用。
未经同意，不得以任何形式复制转载。

序言

在写作《大地湾之谜》时,我的学生们查到了很多资料,一是几十年来学者们关于大地湾的发掘与论述,二是作家们对大地湾的文字书写,三是新闻媒体对大地湾的各种报道。这些资料成为大家写作的第一手资料,但因为《大地湾之谜》所写内容集中在九个方面,也就是说了大地湾对中国文化九个大的贡献,或者说在九个方面堪称中华之最,甚至多数是世界之最,但关于它们详细的学术论述与猜想,则无法全部吸纳进来,于是,我们便生出编辑一本相关资料集的念头来。这部资料集既可以给专业人士提供一些线索和前贤们的成果简介,也可以让大众对大地湾有个初步的印象,故名之为《印象大地湾》。

当我阅读那些先贤们的文章时,就发现不只我一人对中国文化有继绝兴灭的强烈念头,几乎所有研究大地湾的学者都与我一样,甚至比我更强烈。先前那颗孤独的灵魂得到了极大的慰藉,同时,也从先贤那里得到了很多启发,学到了很多精神。在此,我和我的研究生们对他们的付出表示崇高的敬意。

从他们身上,你会明白所谓知识分子是谁,就是那些对具体知识和文化遗存进行琐碎而又详细研究的人,是他们用不为人知的日常工作在推动学术的发展与文明的继承。你能想象,做那些工作是多么孤独和枯燥,但也许对他们是极大的乐趣。与古人对话,与古人生活在一起,想象那些伟大的文明是如何起源和演绎的,想象那时的大地是如何辽阔,森林是如何神秘,山水是如何流转的，生命又是如何地起起灭灭……我看到了他们会心的微笑，当然，也看到了他们在一系列的猜想无法得到证明，尤其是那些明明正确而无法用考古知识去论证时的苦恼情状时，便知道我们的心是相通的。所有的人都既在为中华文明的复兴做着力所能及的工作，又在为人类的过去和未来操心。普通与伟大交织在一起。中心与边缘在发生着位移。五百年一个文明的小周期，或者说一千年甚至三千年一个文明的大周期，一万年一个文明的消亡或更替期。那些古老的岁月看上去那样平静、缓慢，没有今天人类的物质丰富与精神多样，他们是不安的，但他们也是自足的。今天的人们在物质方面如此丰富，精神方面也如此多样，拥有的知识比那时候要多得无法形容，可是我们感到不安，自足倒反而谈不上。也许是我们对他们想象得太美好了，也许我们面对的真正的难题依然一样，我们的不安同样存在。比如，面对死亡，在大地湾时期就有了地葬观念，他们是相信灵魂的，所以有对死亡的惊恐，也有极大的自足。我们现在不大相信人有灵魂，所以对死亡也没有古人那样的惊恐，但也没有自足。我们对死亡其实一无所知。从这一点来看，我们其实还是存在极大的不安。活着到底为了什么？我是谁？确立"我"有那么重要吗？我的那些善与恶真的会随着死亡而消失吗？人类真的要消亡吗？那么，人类为什么要坚持正义、爱、荣誉、牺牲？难道仅仅是为了维持一种平衡，或者说虚构出来的契约精神？既然是契约，为什么非要以牺牲"我"为荣誉和代价？如果没有灵魂，那么，人在生物意义上的生命便是唯一的意义，可是，这不就是贪生怕死吗？这不就鼓励了那些杀戮、专制、贪婪、黑暗与压迫的恶行吗？甚至说，只鼓励了恶，否定了善。这便是我们现代人需要解决的问题。从这一点上来猜想，大地湾时期的古人可能与我们是一样的。那时，他们也在解决这些问题。

  想到这里，我们就不敢太狂妄了。我们必须学会尊重古人。那个时候，当人们还在为生存付出全部的精力时，已经有一些先哲来思考这些问题了，这是中华文明甚至人类的幸事。没有他们的那些开始，哪里有我们现在的所谓哲学、历史、文学、艺术，乃至所有学科。当然，我们更要承认，我们今天所看到的也仅仅是古人生活、思想的一部分，甚至说是他们生活的一点点痕迹而已，千万不敢妄言我们已经知道了他们的全部。比如巫术。我们今天都在用科学、知识和理性思维，但那时，巫师们用的是什么？可能是我们身上某种特有的功能，而这种功能到现在基本上消褪了。我们已经很难去理解和体验他们的思想、情感与信仰了。

再比如《易经》，有学者认为在大地湾发现了很多与后来的《易经》思想相通的东西，那么，我们可以想象，远在七八千年之前，《易》学思想已经诞生。那么，我们也可以进一步推演，后来的伏羲画八卦可能就在离大地湾不远的卦台山或什么地方。总之，大地湾是伏羲文化的前言。没有大地湾，也就没有伏羲文化。它们是一体的。不能因为行政区划而把这种文化割裂。

还有很多感想，就不在此一一去讲了，读者诸君可以根据自己的知识进行各自的玄想。对，玄想。在没有太多考古学知识支撑的情况下，我们完全可以通过我们现有的知识和思维进行大胆玄想，并对我们当下的生活生出疑问和建构。这也许是大地湾提供给我们的一个巨大的空间。

但这些学者的文章要么很专业，且篇幅很长，要么看上去很枯燥，一般人是读不下去的。怎么才能把他们的思想传达给普通大众呢？我们在多番讨论的基础上，决定把学者们的那些长篇论述略缩为一千字左右的小文章，把基本观点摘出来，这样大家看的时候便能一目了然。如果还想进一步去看，我们把文献的出处也标明了，大家就可以去图书馆或网上进行查阅。

我们把作家、诗人们关于大地湾的文章也进行了一些删减，把那些有关大地湾的认识集中体现出来。最后，把媒体报道的新闻也整理出来，以供后来者使用。媒体报道分为两块，一块是各级领导去调研的，一块是专门对各个时期的最新发掘进行报道的。通过这些新闻，我们可以看到大地湾在几十年间是怎样呈现在世人面前。

把《大地湾之谜》与《印象大地湾》共同对照来看，便能看出大地湾的全貌来。至少，把目前发掘和研究的全貌体现了出来。当然，还是要强调一下，我们编写这两本书的目的首先是给普通大众看的，是进行大众传播的，其次才是希望遇到一些深层次的读者，他们或者是作家、记者、旅游者，或者是专门的研究者，希望这本书能在他们的思想深处激起几朵浪花。所以，这本书也存在一些问题，请读者诸君和专家们理解并提出修改意见，供我们再版时进行修订。意见请发 622002538@qq.com 邮箱。

徐兆寿

2018 年 7 月 31 日于兰州

目录

第一章 探究

一、发现

甘肃秦安大地湾新石器时代早期遗存 / 003

试谈大地湾一期和其他类型文化的关系 / 005

从大地湾的遗存试论我国农业的源流 / 007

我国古代建筑史上的奇迹
——关于秦安大地湾仰韶文化房屋地面建筑材料及其工艺的研究 / 009

大地湾遗址仰韶晚期地画的发现 / 011

甘肃秦安大地湾901号房址发掘简报 / 013

二、探索

大地湾史前遗址纵横 / 015

大地湾遗址仰韶文化彩陶纹饰试析 / 017

甘肃秦安大地湾遗址植被气候变迁 / 019

大地湾遗址与中国古代文化 / 021

消防史上的奇迹
——大地湾大型建筑遗址的发现把我国建筑防火的历史提前2000多年 / 023

大地湾地画含义新释 / 025

大地湾遗址的文化内涵与开发前景 / 027

图书馆溯源
——秦安大地湾405号新石器时代房屋用途新探 / 029

大地湾文化与天水旅游经济发展研究　　　　　　　　　　　　/ 030
　　大地湾地画和史前社会的男性同性爱型岩画　　　　　　　　/ 031
　　论秦与大地湾农业文化的关系　　　　　　　　　　　　　　/ 033
　　秦安大地湾高分辨率全新世植被演变与气候变迁初步研究　　/ 035
　　大地湾文化与黄帝时代
　　　　——从考古实物与史料看古成纪地区在我国远古史上的地位　/ 036

三、收获

　　从大地湾遗址文物看伏羲对人类的贡献　　　　　　　　　　/ 037
　　从大地湾一、二期文化遗存看我国古代母系氏族社会　　　　/ 039
　　大地湾遗址房屋遗存的初步研究　　　　　　　　　　　　　/ 040
　　甘肃秦安县大地湾遗址聚落形态及其演变　　　　　　　　　/ 042
　　甘肃秦安县大地湾遗址仰韶文化早期聚落发掘简报　　　　　/ 044
　　甘肃秦安大地湾遗址出土陶器成分分析　　　　　　　　　　/ 046
　　记甘肃大地湾遗址剖面和旧石器遗存　　　　　　　　　　　/ 048
　　从大地湾遗址看中华文明的起源　　　　　　　　　　　　　/ 050
　　大地湾民俗体育文化探析　　　　　　　　　　　　　　　　/ 052
　　甘肃史前建筑和大地湾文化遗存　　　　　　　　　　　　　/ 054
　　大地湾地画新考　　　　　　　　　　　　　　　　　　　　/ 056
　　论大地湾一期文化与中国农业起源的关系　　　　　　　　　/ 058
　　秦安大地湾遗址骨器研究　　　　　　　　　　　　　　　　/ 060

四、再探索

　　大地湾出土彩陶鼓辨析　　　　　　　　　　　　　　　　　/ 062
　　对大地湾彩陶纹样的调查和研究　　　　　　　　　　　　　/ 064
　　甘肃大地湾遗址距今6万年来的考古记录与旱作农业起源　　/ 066
　　从大地湾看生土建筑的生命　　　　　　　　　　　　　　　/ 068
　　大地湾骷髅地画的萨满教含义　　　　　　　　　　　　　　/ 069
　　从大地湾遗址出土的彩陶看中国彩陶的发展　　　　　　　　/ 071
　　大地湾文化遗址的价值　　　　　　　　　　　　　　　　　/ 072
　　大地湾一、二期文化彩陶制作工艺研究述评　　　　　　　　/ 074
　　大地湾遗址是我国文字发展的渊源　　　　　　　　　　　　/ 076

对大地湾遗址开发现状的分析及其思考 /078

渭水文明：大地湾

——陇中民俗剪纸的文化背景之一 /080

大地湾彩陶纹样在天水旅游工艺品包装设计中的应用研究 /081

大地湾等遗址出土特殊彩绘的构图规则及相关问题

——彩陶新诠之一 /082

大地湾一期标本 H3115:10 是《易》用八数源考

——中国远古 363 日太阴岁历发微 /085

大地湾遗址第五期遗存浅析 /086

大地湾遗址仰韶时代聚落的经济结构与社会分工 /088

从地画看大地湾文化的灵魂观念与丧葬习俗 /090

日本绳纹陶器与中国大地湾、仰韶陶器的比较研究 /092

三十年来大地湾遗址及相关问题研究综述 /094

试论大地湾遗址二期房屋的分类 /096

第二章　品读

一、流淌的文字

雨中的咏叹：大地湾遗址 /101

大地湾的"湾"（节选） /104

光和影的剪辑：大地湾遗址 /106

大地湾的阳光　想起了伏羲和女娲（节选） /111

秦安大地湾 /113

雪落天水 /114

二、行者的思考

先民拓荒大地湾（节选） /115

大地之湾 /118

八千年看中国 /123

秦安游记 /127

第三章 关注

一、组织关怀

甘肃7月3日举行公祭伏羲活动　国家领导人将出席	/ 133
中央编译局局长韦建桦考察大地湾遗址	/ 135
王曙辉在秦安县陇城镇考察	/ 136
老领导窦述在秦安调研　县委书记王东红陪同	/ 139
秦安县政协委员谈大地湾史前遗址公园建设	/ 141
新石器时代遗址大地湾考古概况	/ 143
中央和省级媒体看天水采访团聚焦秦安发展	/ 148
王东红、程江芬深入大地湾遗址调研	/ 150
秦安县召开《大地湾文化旅游产业园概念规划设计》征求意见会	/ 152
秦安县召开大地湾国家考古遗址公园规划征求意见会	/ 154
灵宝市党政考察团考察秦安"大遗址"保护开发工作	/ 157
全国政协副主席马飚到甘肃部分文博单位调研	/ 159
张建杰调研秦安教育及文化旅游重点工作	/ 160
秦安县委书记王东红对李氏宗祠遗址保护现状进行调研	/ 163
天水市发改委调研大地湾景区开发建设情况	/ 164
有关专家考察大地湾出土的计量器具	/ 166
大地湾考古成果展在跨湖桥遗址博物馆举办	/ 167
甘肃省文化厅调研世行贷款大地湾文化产业园建设工作	/ 169
甘肃大地湾遗址整建制移交天水市管理	/ 171
张建杰赴秦安县大地湾文保所调研	/ 173
仙松涛调研大地湾考古遗址公园建设情况	/ 174
秦安县领导督查指导女娲公祭典礼筹备工作	/ 175
北科大专家考察秦安文化遗产保护	/ 177
秦安四大组织领导检查女娲祭祀典礼乐舞排练工作	/ 179
甘肃省政府办公厅检查大地湾文物安全保护工作	/ 180

秦安2017(丁酉)年祭祀女娲典礼隆重举行	/182
北科大在秦安县大地湾遗址成立科考基地	/185
中国彩陶文化论坛暨"遥远的对话——大地湾考古成果特展"开幕	/187
大地湾文化与科技国际学术研讨会将于2018年5月在秦安举办	/189

二、媒体解读

大地湾考古刷新六项"中国之最"	/191
华夏文明起源和繁荣发展的重要见证	/192
第十届全国博物馆十大陈列展览精品评选初评结果揭晓 甘肃大地湾遗址考古成果展等榜上有名	/196
大地湾以申遗为契机 争取建设大地湾遗址公园	/198
纪录片《华夏文明起源·甘肃》摄制组来秦安实地拍摄	/200
大地湾彩陶上发现中国最早可释读文字图	/201
文眼聚焦之"大地之光"	/206
大地湾遗迹之最——中国最早的混凝土	/209
大地湾大房子:部落开会的"原始殿堂"	/211
带你回到8000年前的人类社会 ——大地湾考古遗址公园展示原始社会遗存	/213
秦安大地湾遗址揭开华夏文明8000年秘密	/215
专家考察手记:大地湾秘密	/216
《一画开天》:讲述伏羲女娲在天水大地湾的创世神话	/219

后　记　　　　　　　　　　　　　　　　　　　　　　　/221

壹

第一章 探究
TAN JIU

印象大地湾
IMPRESSION OF DA DIWAN

一、发现

甘肃秦安大地湾新石器时代早期遗存

甘肃省博物馆
秦安县文化馆　大地湾发掘小组

大地湾新石器时代遗址,在甘肃省秦安县五营公社邵店大队,位于清水河与阎家沟之两河交汇处。1978年秋,甘肃省博物馆与秦安县文化馆组成发掘小组,对该遗址清水河南岸第一台地开始进行发掘。1979年发掘工作继续进行。两次共发掘仰韶文化房基一百二十七座、窑三十座、灰坑二百多个、墓葬四十二座。1979年在该遗址发现了早于仰韶文化半坡类型的文化遗存,我们暂称"大地湾一期文化"(以下简称"一期"文化)。目前考古界正在探讨我国新石器时代早期文化的问题,因此我们先将大地湾新石器时代一期文化的发掘资料发表,以供大家研究和参考。

在大地湾遗址的发掘工作中,发现了早于仰韶文化半坡类型的文化遗存。大地湾一期陶器的主要器形有夹细砂的圆底钵(有的加三足)、筒状深腹罐(有的加三足或圈足)、球腹壶、圈足碗和杯等。大地湾一期的陶器与宝鸡北首岭下层陶器有某些相似之处,如都有三足深腹罐,口沿都作锯齿状,通施绳纹,只在形制上略有差别。但大部分的器形如三足圆底钵、筒状深腹罐、球腹壶、圈足碗,则在北首岭下层很少见。两者的差异是明显的。大地湾一期的陶器,如口沿外施红色宽带纹的三足圆底钵,与华县元君庙下层、彬县下孟村下层的同类陶器相同。大地湾一期陶器如三足圆底钵、筒状深腹罐、球腹壶、圈足碗等器形,则与新郑裴李岗、武安磁山、新密莪沟北岗(早期)等遗址出土的同类陶器相似。

大地湾一期H363木炭标本的碳素测定年代为距今7355±165年(经树轮校正),比北首岭下层的碳14测定年代要早一些。由于大地湾遗址处于渭河流域上游,它不仅是甘肃省首次发现的新石器时代早期文化遗存,也是我国目前所发现的地理位置最西的新石器时代早期文化遗存,这就扩大了对我国新石器时代早期遗存分布范围的认识。

这次发掘的大地湾一期墓葬和灰坑虽为数不多,但有的保存较好,出土器

物较多，对了解其文化内涵提供了一批科学资料。如仰身直肢双手交叉于胸前的葬式，以猪下颌骨和生产工具随葬，成组器物的配置，都是值得注意的新资料。

大地湾遗址二期文化遗存，出土的陶器有圆卷唇圆底鱼纹彩陶盆、正倒相间三角纹细颈彩陶壶、圆卷唇夹砂红陶罐、杯口尖底瓶等，相当于仰韶文化的半坡类型。大地湾二期陶器中的三足钵、红色宽带纹碗和黑色宽带纹圆底钵，与一期的三足钵和红色宽带纹圆底钵在器形和纹饰上存在着一定的联系。

但大地湾一期与二期的文化面貌有较大的差异，可以看出它们之间并不直接相承。因此进一步研究裴李岗、磁山文化、大地湾一期、北首岭下层类型和半坡类型之间的关系，将有助于探讨仰韶文化的渊源问题。

大地湾遗址的发掘工作仍在进行中，一期文化的遗存仍继续不断发现，在以后的发掘报告中再作详叙。

《文物》

1981 年 04 期

试谈大地湾一期和其他类型文化的关系

张朋川　周广济

1979年，在秦安县邵店大地湾新石器时代遗址的最下层，发现了一种早于仰韶文化半坡类型的文化遗存，我们称作大地湾一期类型。大地湾一期的文化遗存还在继续清理。我们先将1979年大地湾一期文化遗址的发掘情况整理成简报发表，同时对这一类型文化的特点和与其他类型文化的关系，谈一些不成熟的看法，供同志们参考。

人们一旦居住下来，以后的人们也延续居住。所以大地湾遗址和华县元君庙、彬县下孟村、宝鸡北首岭等新石器时代遗址一样，包含着几个相继发展的文化类型。大地湾遗址除一期类型以外，还有仰韶文化的半坡、庙底沟、石岭下、马家窑等类型的遗存，也有齐家文化遗物发现。

大地湾一期类型与陕西省西乡县李家村文化遗存虽有相似处，但也存在较大差异。在陶器中都有三足罐、圈足碗和三足钵，但器形有所不同。李家村的碗和钵为深腹，罐为直沿，器形较矮，器下的三足多为三角形袋足。并且李家村陶器中的圆底三足罐、深腹平底钵、小口折肩平底瓮、折沿大口鼓腹平底罐、大口双耳平底罐和侈口凹底罐等器形，石器中的钻孔石铲，都不见于大地湾一期类型，这些方面却与北首岭下层类型有一些相似处。因此我们认为李家村的文化遗存与大地湾一期类型有一定的联系，但在年代上要晚于大地湾一期类型。

李家村遗址的陶器和石器都具有自己的特点，这类文化遗存主要分布在汉水上游地区，而大溪文化早期的陶器中的圈足碗和袋状三足器和李家村遗址同类陶器有密切的关系，因此李家村这种文化遗存另成系统，称为李家村文化是相宜的。

宁夏博物馆展出的贺兰县暖泉新石器时代遗址出土的深腹圈底罐，口沿为锯齿状，通体施较细的交叉绳纹，同大地湾一期的筒状深腹罐的器形和纹饰颇相似，仅有平底和圈底的差异。此外暖泉出土的打制的小型石斧与大地湾一期亦相同，因此我们认为暖泉遗址与大地湾一期类型也有一定的关系。

由于大地湾一期遗址的发掘规模较大，出土的遗迹和文物都较多，使我们对大地湾一期类型的文化内涵能有比较全面的了解，并为深入研究我国新石器时代黄河中上游各文化类型的相互关系，以及老官台文化的分期、仰韶文化渊源等问题，提供了新的重要资料。我们认为大地湾一期只是老官台文化中期偏晚的一个类型，在它以前还有早期的文化遗存。而大地湾一期类型、北首岭下层类型和半坡类型之间，也还有一些缺环，这些问题还有待进一步解决。

《文物》
1981 年 04 期

第一章 探究

从大地湾的遗存试论我国农业的源流

冯绳武

近年来,由于在杭州湾两岸和太湖周围的河姆渡和罗家角新石器时代遗址中发现种植水稻的事实,证明我国南方是稻作起源地之一。以陇山为中心的陇中黄土高原位于泾、渭河上游,它也是研究中华民族农业文化起源与发展方面值得注意的地区之一。因此,我国史前农业的发展是多中心的。

近十年来,黄河流域新石器时代的陶器与农业文化有了突破性的发现。东起以泰山为中心的山东,向西经冀南、豫北以至嵩山、荥水上游为中心的郑州、洛阳附近,更西到以陇山为中心的泾渭河上游(陇中东部),北至河套,均发现早于仰韶时代的文化遗址,也有早于半坡农业类型达一千年以上的遗存。陇中秦安大地湾遗址比滕县北辛、武安磁山、新郑裴李岗、华县老官台及贺兰暖泉等遗存更齐全而系统。这给我国新石器早期农业发展源流等问题的解决,建立了初步的基础。因此有人主张黄河流域新石器早期陶器和农业文化的发展也是多元的。我国新石器早期的文化分期应该重新编定,至少在距今 6000 年左右的仰韶文化早期以前,应增加距今 7000 年至 8000 年间的大地湾一期。由于大地湾一期旱作农产种子的发现,对于我国农业的源流和分布,也应有新的认识和推论。

1.以陇山为中心的陇中黄土区东部是中华民族的摇篮之一。以泾河上游的旧石器晚期泾川智人及多种类型的旧石器为证。同时据我国最古文献《春秋·运斗枢》记载,"以伏羲、神农、女娲为三皇"。据不少文献称"始画八卦,造书契(文字),教民佃、渔、畜牧"的古帝伏羲及其同母女帝女娲氏均诞生于成纪(今秦安县北部),"始制耒耜,教民务农"的古帝神农"生于姜水(今渭河北岸支流,在岐山以西的岐水),故以姜为姓"。凡此皆可作为新石器早期农业文化发源于陇山附近的文献证据。

2.以秦安大地湾为中心的清水河谷是中国农业文化起源地之一。尤其是作为旱作粮油谷物黍、油菜籽等的最早栽培地,距今约 7000 年至 8000 年。

3.我国农业最早的发展依据古人类的活动地点、石器、陶器及河谷阶地分

布诸条件，做出史前旱作农业传播途径的推论。由秦安清水河谷东越陇山南段，经俩河和济河谷地到关中平原与黄河大三角洲，然后分别向南、北传播，主要沿着三条南北向的河谷交通线或两河间的低平分水带。东面一条由江北丘陵自徐州到安徽和县，过长江，使旱作农耕技术和起源于太湖周围的水稻栽培技术相结合，嗣后循赣江与北江谷地南至珠江三角洲。中间一条循汉江谷地和湘桂谷地，南至广西盆地。最西一条从秦安南到天水，循西汉水和嘉陵江谷地及纂江谷地经过四川盆地而至云贵高原。同时南方的水稻栽培技术，也循上述路线传播到北方谷地。

由大地湾及黄河流域向东北、内蒙古及西北的旱农传播途径，自东向西也有四条：最东一条沿太行山东麓与禹河故道向北，到燕山南麓经山海关北达松辽平原。第二条循汾河谷地北至桑干河谷，可能与第一条会合。第三条循葫芦河谷北上，经固原、同心间的清水河谷，过黄河至银川平原与河套平原，可能东达西辽河谷地而通松辽平原。第四条过渭、洮分水岭与黄河，再循庄浪河谷至河西走廊与南疆绿洲。

上述诸河谷可能是史前人类横渡黄河、长江后的几条南北通道，新石器早、中期陶器和农业技术的推广与发展，难免不循历史故道。

《地理学报》
1985 年 03 期

我国古代建筑史上的奇迹

——关于秦安大地湾仰韶文化房屋地面建筑材料及其工艺的研究

李最雄

甘肃秦安大地湾遗址是一处规模宏大、内涵极其丰富的新石器时代遗址。甘肃省文物工作队经过六年的发掘，清理出房屋遗址240余座。其中两座编号分别为F901和F405的房屋，建造工艺十分高超，规模也很大，仅室内居住面积就达百余平方米。特别在建造地面时，大量应用了人造黏土陶粒轻骨料和以这种骨料为集料，以料礓石烧制的水泥为胶结材料的轻混凝土。这无疑是建筑史上的奇迹。

混凝土主要是由颗粒状骨料和胶结材料两部分组成的。现在，大部分胶结材料采用水泥，颗粒骨料可分为重骨料和轻骨料。轻骨料又可分为天然轻骨料和人造轻骨料。人造轻骨料是近代发展起来的一种新型建筑材料。人造轻骨料具有孔隙率大、容重小、保温性和防潮性好的特点。特别在现代高层建筑中，自重占结构总荷载的比例很大，降低混凝土的容重是非常重要的。同时对材料的隔音、保温等性能要求越来越高。

因此，人造轻骨料的研制近年来发展很快。在我国，研制人造轻骨料的历史只不过二十年，目前生产的人造轻骨料有黏土陶粒、页岩陶粒、粉煤灰陶。我国在五千年前就能生产黏土陶粒这种人造轻骨料，眼不见者，确实难以相信。经过我们大量的测定、分析研究，同时，又邀请搞建筑材料的有关专家亲临现场做测定和分析鉴定，完全可以确认秦安大地湾F901和F405地面中所发现的大量黏土陶粒是新石器时代生产的人造轻骨料。当初，这种人造轻骨料被误认为是掺和在地面中的天然碎砂石。这种骨料外表有一层光滑、致密的釉面，内部有大的空隙或空洞。其强度较天然碎石低得多，用手可辗碎。

由于在F405地面的混凝土胶结材料中有一定量的水化硅酸钙及微量的水化铝酸三钙生成，而水化硅酸钙具有高的表面能和黏接力，这样，就使得F405地面中的轻混凝土具有较高的抗压强度。秦安大地湾仰韶文化晚期遗址的人类

F901 遗址水泥地面

居住房屋地面中所发现的轻混凝土胶结材料，其性能和成分都近似于罗马水泥，仅硅钙比稍高于罗马水泥。而真正的罗马水泥发明于 18 世纪末，19 世纪中期才广泛应用于土木建筑工程中。文献中所记载古希腊、古罗马应用烧石灰和火山灰水泥的时代也较我国大地湾应用烧料僵石水泥的时代晚得多。至于人造黏土陶粒轻骨料在古人类建筑中的应用，还未曾有过报道，恐怕在秦安大地湾是首次发现。在居住面积达百余平方米的 F901 地面中，这种轻混凝土厚达 20 厘米，上面是平整、光洁的原浆磨面。

而 F405 地面中，这种轻混凝土厚达 1 厘米，上面是一层 2 厘米厚的加浆饰面。在 F901 的柱皮和墙角处的地面上，还保存有明显的用光滑石块之类工具打磨的痕迹。在轻混凝土之下都有较厚的红烧土垫层和原土夯层。从而可以看出，人造黏土陶粒轻骨料和以这种黏土陶粒作集料，以烧料僵石水泥作胶结材料的轻混凝土，在秦安大地湾人类居住遗址中不是偶然的发现，从它的生产、应用的规模和水平看，在当时已经达到了相当高的程度，建造出的地面也十分精细。在五千年前，我国就出现这种高超的建筑材料和工艺，这不但具有重大的考古价值，在自然科学史上也具有深远的意义。

《考古》
1985 年 08 期

大地湾遗址仰韶晚期地画的发现

甘肃省文物工作队

1982 年 1 月，在甘肃省秦安县五营乡大地湾遗址中，发掘到一座距今约 5000 年的绘有地画的房基遗迹，房基编号为 F411。现将情况简报如下。

一、房屋遗迹

房屋四周墙壁已残，仅在高于居住面 0.03~0.05 米的墙基上残存部分木针壁中的柱洞，现存柱洞 17 个，按其布局和对称规律推测，共应有 19 个。相互间距为 0.5~1.35 米，柱洞直径 0.18~0.22 米、深 0.4~0.56 米。门斗的四周破坏较甚，未发现柱洞。

此房屋所采用的平地起建，以白灰铺设居住面，灶面高出居住面，门道口处设门斗（门篷）等建筑方式，都是对仰韶文化早期房屋建筑的继承和发展。

二、地画

地画位于室内近后壁的中部居住面上，由黑色颜料绘制而成。经甘肃省博物馆文物保护实验室初步鉴定，黑色颜料为炭黑。所占面积东西长约 1.2 米、南北宽约 11 米。地画中有人物和动物图案。上部正中一人，高 32.5 厘米、宽约 14 厘米。头部较模糊，犹如长发飘散，肩部宽平，上身近长方形，下部两腿交叉直立，似行走状。左臂向上弯曲至头部，右臂下垂内曲，手中似握棍棒类器物。此人的右侧，仅存黑色颜料的残迹，系久经摩擦脱落，推测也应为一人。上部正中人物的左侧，也绘一人物，高 34 厘米，宽 13 厘米，头近圆形，颈较细长而明显，肩部左低右高，胸部突出，两腿也相交直立，似行走状。其左腿下端因居住面被破坏而残缺。其左臂弯曲上举至头部，右臂下垂也作手握器物之状。两人相距 18 厘米。

三、遗物

在 F411 房基遗迹填土中和上、下居住面之间，没有发现完整或可以复原的陶器。陶片数量较少，主要为夹砂红陶和泥质橙黄色陶，其次为泥质红陶和灰

陶。器型有罐、盆、钵、瓶等几种。纹饰有绳纹、线纹、附加堆纹，还有素面陶和极少量的彩陶片等。

《文物》

1986 年 02 期

甘肃秦安大地湾 901 号房址发掘简报

甘肃省文物工作队

1983 年,甘肃秦安大地湾新石器时代遗址的发掘进入第六个年度。6 月,在第十发掘区发现了一座罕见的仰韶文化晚期大型房址,编号为 F901,经过两个年度 150 多个工作日的努力,于 1984 年 8 月基本揭露出来。这座房址规模宏大,保存较好,有主室、东西侧室、后室和房前附属建筑,它的发现为新石器时代考古和建筑史的研究增添了极为珍贵的资料。由于保护工作的需要,房址各部位未作解剖。为了便于对某些遗迹现象进行深入研究,主室居住面上的部分烧土块和正门外东侧路土层之上的黄绵土未清理。现将发掘收获简报如后。

F901 以长方形的主室为中心,两侧扩展为与主室相通的东西侧室,左右对称;主室后面以主室后墙和延伸的侧墙又构成单独的后室;主室前面有附属建筑和宽阔的场地。F901 的布局井然有序,主次分明,形成一个结构复杂严谨的建筑群体。整个建筑坐北面南,正门的门向是南偏西 30 度。

一、主室

保存基本完整,平面大体呈长方形,以内径计算,前墙长 16.7 米,后墙长 15.2 米,西侧墙长 8.36 米,东侧墙长 7.84 米,东西中轴线长 16 米,南北中轴线长 8 米。

二、侧室

主室两侧随着主室前墙向左右的直线延伸,有相互对称的西侧室和东侧室。侧室均有不同程度的破坏,仅发现有前墙,根据残存居住面推测,原平面呈长方形,通过侧门与主室相通。

三、后室

位于主室的后面,同主室共用主室的后墙,主室西侧墙向后延长构成后室的西墙。后室的东部已塌落形成断崖,根据对称的原则,原来也应有由主室东侧墙延长而成的后室东墙。未发现北墙。

F901 保存有主室、侧室、后室和房前附属建筑,墙体保存高度近 1 米,占地

面积约 420 平方米（不计附属建筑，占地 290 多平方米），无疑，它是迄今为止我国新石器时代考古发现中规模最大、保存最好的房屋遗址。

它以宏伟的规模、复杂的结构、严谨的设计、精湛的技艺向我们展示了 5000 年前的先民们，在主要以石器作为工具的条件下所取得的令人惊叹的成就。这些成就不言而喻地表明仰韶文化晚期的生产力已达到相当水平，与此相适应的社会组织可能已超越了母系氏族的阶段。

F901 平地起建，以室内大柱即顶梁柱、附壁柱、室外柱和架设在这些柱上的梁架组成木构架，墙壁并不承重，仅起隔断和封闭作用。这些特点摆脱了延续数千年的半地穴的窠臼，开创了后世我国木结构建筑的先河。

这座房址布局得体、主次分明、讲究对称，说明了它既具有实用价值，又有审美价值。建筑已经作为一种文化艺术形式出现。

F901 在建筑材料和工艺方面因地制宜，不仅创造性地使用了人造轻骨料，而且造出了经久耐用、近似现代混凝土的居住面，凡亲眼所见者无不为之赞叹。毋庸置疑，这是建筑史上的创举和奇迹。正因为如此，我们对原始建筑的成就必须重新认识和估价。总之，F901 的发现对研究原始社会史、自然科学史以及探索阶级社会宫殿建筑的起源有着极为重要的意义。

《文物》

1986 年 02 期

二、探索

大地湾史前遗址纵横

华 泉

在黄河上游地区的考古发现中,大地湾遗址是唯一一处规模较大、延续时间较长的史前聚落。由于它的发掘,使甘肃东部的新石器时代文化的编年和发展序列得以确定。根据碳14年代测定,大地湾遗址所包含的古代遗存的年代,上起距今7800年,下迄距今4900年左右,历时近3000年。

考古工作者将这里的遗存分为四期。这四期遗存的内涵十分丰富,截止到1983年,发现的房屋基址已达280座之多,另外还发现大量的窖穴、陶窑、墓葬,上万件的陶、石、骨、角、蚌器和装饰品,各种动植物标本及原始艺术品。这些发现和收获,为了解新石器时代大地湾先民的生活,为考古学及其他相关学科的研究,提供了珍贵的资料。

大地湾遗址,位于甘肃秦安县五营乡邵店村,坐落在清水河和阎家沟两河交汇处的台地上。这里原来的地貌是三面临水,为先民们取水、捕鱼提供了便利条件;而东南有山丘,又形成一道弧形屏障,居住在屏障之内,既可避风又可防守。当年的山坡上草木丛生,不仅适宜畜牧,还为狩猎和采集生活提供了丰富资源。先民们世代生息在这片沃土上,沐浴着大自然慷慨的恩泽,创造出璀璨的文化。

菜园遗存的年代,上衔大地湾仰韶晚期,下接齐家文化,它主要分布在渭河上游的甘肃东部和宁夏南部山地丘陵一带。菜园遗存与大地湾仰韶晚期在文化因素上存在着承袭关系,两者与它们西部的马家窑文化年代相近,但在文化面貌上则差异显著,因此,前两者是同一文化系统,后者是另一系统,它们分布在相邻的两个地域中,相互之间有所影响。大地湾仰韶晚期同菜园遗存的纵向联系,构成了甘肃东部地区新石器时代的一个发展环节。

大约在距今5000年前的史前时期,我国北方出现了一些前所未见的新现象,如东北,有红山文化的坛、庙、冢;在长城地带,也发现类似遗存,而西部的大地湾,则又出现上述礼器、地画、有特殊功能的房屋。这些遗存,当是较复杂的

宗教或祭祀活动的产物。这些精神活动的物化现象表明，当时的社会正处在一个大变革的时期，而这些新的因素的出现，又给探讨后来以祀与戎为国之大事的文明时代的起源以重要启迪。

《瞭望周刊》
1991 年 06 期

第一章 探究

大地湾遗址仰韶文化彩陶纹饰试析

杨建华

大地湾仰韶文化遗址分为三期,其中的早、中期遗存非常丰富。发掘者认为:早期主要遗存"应属半坡类型中、晚期阶段",中期"同以庙底沟遗址为代表的庙底沟类型有许多相同之处"。所以,这批丰富的遗存在年代上基本是相互衔接的,是研究半坡类型和庙底沟类型之间关系的重要资料。本文试从彩陶纹饰方面,对这个问题作一探讨。

从上述分析可以看出,大地湾遗址以鱼纹为代表的半坡类型和以花卉纹为代表的庙底沟类型是一脉相承的。首先从构图成分和构图方式看,庙底沟类型的花卉纹可以在半坡类型的鱼纹中找到源头;其次从纹饰分类传统的延续性看,也证明了它们之间的谱系关系。半坡时期形成的甲、乙两类纹饰延续到了发达的庙底沟阶段。甲类的典型代表是回旋勾连纹,乙类则是三角纹和凸弧纹。当然,在它们的发展过程中始终没有停止相互的影响。

在大地湾仰韶早期即相当于半坡类型中晚期阶段,写实鱼纹是以弧线、弧形纹带和圆圈、圆点构成的。因此,认为半坡类型彩陶纹饰是以直线或直边几何形为代表,庙底沟类型是以弧线和弧形为代表的观点是片面

大地湾人头器口彩陶瓶

的。这使人们忽视了这两个类型的联系,扩大了它们的差别。

大地湾遗址仰韶中期的遗存所反映出的一个非常重要的历史事实是:花卉纹是从鱼纹演变来的。这说明大地湾遗址中使用鱼纹作为装饰的先民是使用花卉纹作为装饰的先民的祖先,这种纹饰演变中质的飞跃或许暗示了这个阶段的社会发展有较大幅度的变化。但这两种纹饰还有一段共存时期,因此这种变化可能并不剧烈。这需要我们对这一阶段的其他遗存进行细致、深入的分析。究竟是什么原因使得当时人们在装饰陶器的主题上发生了这么大的变化?对于这个问题目前学界尚无力回答,半坡类型和庙底沟类型之间的关系是中国新石器时代研究的一个热点。两者的关系主要是年代关系和文化关系。

许多遗址的层位都说明了半坡类型早于庙底沟类型,只有个别遗址中有半坡类型晚期和庙底沟类型早期共存的现象。因此半坡类型早于庙底沟类型似已不成问题。所以,对于半坡类型和庙底沟类型之间文化关系的研究,首先应对它们分别进行分区、分期的综合研究,从总体上把握代表该类型共性的时代风格和代表当地特点的传统因素,然后再研究一个遗址内这两个类型的共性和异性。在此基础上确定两者的关系。这样或许能使这一中国新石器时代的重大课题得到更加全面、更加接近历史事实的答案。

《中原文物》
1991 年 02 期

甘肃秦安大地湾遗址植被气候变迁

黄春长

甘肃秦安大地湾遗址，是迄今为止我国黄土高原所发现的延续时间最长，文化内涵最为丰富的新石器时代早中期村落遗址。1986年10月，我们对该遗址进行考察，并测制地层剖面，采取土样做了孢子花粉分析。本文依据这些考察分析资料，探讨该遗址在一万多年里植被气候的变迁，以揭示大地湾聚落及其文化产生发展的环境背景。

大地湾遗址位于六盘山西麓葫芦河流域黄土梁状丘陵区，地势波状起伏，相对高差达350~450米。遗址分布范围涉及葫芦河支流清水河谷邵家店南岸第二、三级阶地，海拔1400~1500米。清水河源于六盘山西坡，近东西向延伸，河谷地势低洼，宽约1千米，周围梁赤环绕，气候温和，自然条件较好。当地年平均气温9.5摄氏度，年降水量500~550毫米，干燥度1.2~1.6，大于等于10摄氏度积温2500~3500摄氏度，大于等于5摄氏度生长期210~240天，年日照2000~2500小时。地表土壤为褐土、黑沪土，适生油松、侧柏、杨、柳、栎、榆、桦、椴、槭、楸、山杏等乔木树种，属半湿润的暖温带落叶阔叶林环境。由于数千年农业耕垦，自然植被已不复存在，代之而起的是次生灌丛草甸植被。

大地湾文化形成在暖温带半湿润落叶阔叶林环境，当时气候比较温暖，也较为湿润，清水河谷植被茂密，动物出没林间，河流水量充沛，地表形成疏松肥沃的土壤。先民们选择河南岸比较开阔平坦的台地（当时为第二级阶地，现在为第三阶段地）建立村落。人们生活在用木头搭成的圆形半地穴式房子内，生活用具为黄土烧成的粗糙陶器，石器工具中打制石器仍是主要成分，人们已经开始种植谷物和蔬菜，同时狩猎和驯养畜禽。后来，气候恶化，变得较为寒冷干旱起来，植被转变为森林草原以至草原，暴雨常有发生，地面上有风成黄土的堆积。

进入了仰韶文化时期，大地湾村落的文化得到发展进步，房子的形式和结构发生了变化，由过去的圆形半地穴式发展为方形半地穴式以至长方形地面房屋，房子的面积也扩大了，以满足人口增长的需要。陶器制作精美，种类繁多，并

出现了绘画、泥塑等原始艺术活动和装饰品,农具、渔猎具各有分工,多用磨制加工,使用更为方便有效。到常山文化时代,气候转暖,森林又恢复了,人类在此生活不久便离开了大地湾。

我们说大地湾文化及与之同时代的老官台文化、磁山——裴李岗文化生产发展在距今 8500—6800 年间的温暖湿润森林环境,似乎无甚问题。然而关于仰韶文化产生发展在比较恶劣的半干旱草原、森林草原环境的结论与传统的认为仰韶文化处于全新世气候最适宜期的观点相矛盾。因此这里有必要重温有关仰韶文化遗址孢粉分析的实际材料,并进行大区域的对比,以检验我们的结论。

《地理科学》
1991 年 04 期

大地湾遗址与中国古代文化

张忠尚　王建祥

　　大地湾遗址位于甘肃省秦安县五营乡邵店村东侧,清水河南岸的第二、三级阶地及缓坡山地上,分为山下(河边台地)和山上两部分,总面积近100万平方米,现属全国重点文物保护单位。

　　大地湾遗址于1958年甘肃省第一次文物普查时首次发现,1978年经甘肃省博物馆文物工作队(今甘肃省文物考古研究所)再次复查后,列为甘肃省重点发掘项目之一。同年7月,由甘肃省博物馆文物工作队和秦安县文化馆组成大地湾发掘组,开始进行大规模发掘,至1984年8月告一段落。总揭露面积达1.37万平方米,清理出新石器时代的房屋遗址250多座,烧陶窑址40座,墓葬79座,灰坑340个,壕沟8条,共获得出土文物近1万件。大地湾遗址发掘出的木炭标本,经碳14测定,其最早年代距今7800年,最晚距今4800年,为持续时间长达约3000年的古文化遗存。遗址的文化内涵主要分为五个时期,即大地湾一期(前仰韶时期,7300—7800年)、仰韶文化早期(6000年)、仰韶文化中期(5600—5900年)、仰韶文化晚期(5000—5500年)和龙山文化早期(常山下层,4900年左右)。所以大地湾遗址不仅发掘规模在全国罕见,而且对研究中国古代人类的活动,特别是对研究古代文化的形成,提供了大量科学的、丰富的资料。本文就大地湾的遗址和遗物等文化特征方面论述与中国文化的关系,不妥之处请专家指教。

　　1.大地湾编号为F901的房屋遗址是中国宫殿式建筑的雏形。大地湾房屋遗址较多,有100余座。其中以编号为F901的大型房址最具有代表性。该建筑总面积为420平方米。整个建筑分主室、东西侧室、后室、门前附属建筑四部分。主室居中心,是一座长方形的大厅,东西中轴线长16米,南北中轴线宽8米,室内居住面积131平方米。这座大型建筑所具有的奇数开间,正面设门,建筑物呈长方形,以长度的一方为正面,左右对称,前后呼应,木架承重,墙壁仅起隔断作用,体现后世延续几千年中国木结构建筑的传统特点,它充分说明原始社会已

产生建筑艺术,也是中国宫殿式建筑的雏形和先驱。它的发现对探索中国古代建筑的渊源,对 5000 年中华文明的形成提供了重要的线索,是"中华文明的曙光"。

2.大地湾遗址的彩陶是中国以至世界上最古老的彩陶。陶器的发明,是新石器时代文化的主要内容。陶器极大地改善了原始人的生产和生活,人们用它来烹饪、饮食、汲水、洗涤、储藏等。在大地湾遗址出土的文物中,陶器最多,品种有汲水器、储物器、做饭器、盛食品器、供奠品器等。

3.大地湾遗址器物上的记事符号是中国文字的先祖。文字是记录语言的书写符号系统,是人类重要的辅助性交际工具。中国文字的形成经历了漫长的历史时期,是我们的祖先在长期的社会实践中创造的。文字产生的确切年代不可考。在陕西的半坡、山东的大汶口等遗址中,都曾发现刻在陶器上的一些记事符号。据中国的考古学泰斗郭沫若考证,这些符号已具有文字的性质,是中国文字的起源。在大地湾遗址出土的陶器上就发现有不同形状的记事符号,以钵形器物口沿内的细线纹最为常见,现已发现有 10 多种不同的纹样:有类似水波状的,类似生长植物的形纹和以直线和曲线相交的形纹等。这批介于图画和文字之间的符号,早于陕西半坡和山东大汶口陶器象形文字 1000 多年,早于甲骨文的符号,为研究中国古代文学的形成和发展提供了新的资料。

《甘肃社会科学》
1993 年 01 期

消防史上的奇迹

——大地湾大型建筑遗址的发现把我国建筑防火的历史提前2000多年

李采芹

甘肃省秦安县大地湾新石器时期遗址出土一座距今5000年的大型建筑遗址,建筑总面积420平方米,这是我国新石器考古发掘出土最大的建筑物。它的发现对探索中国文明的起源和形成提供了重要的线索。

这条不大引人注目的电讯,引起笔者极大的兴趣。这个大型建筑遗址,既然对"探索中国文明的起探和形成提供了重要的线索",那么,消防作为整个文明中的一个部分,也有可能从中找到发展的线索。为了了解这一重大发现的详细情况,笔者查阅了有关这次考古的报道,特别是甘肃省文物工作队的发掘报告。果然不出所料,大地湾大型建筑遗址的发现,不仅是我国建筑史上的一大奇迹,同时也是我国消防史上的一大奇迹。这座建筑遗址坐落在渭河上游,距五营河1公里的一块经过农田修整的水平梯田上,距河床垂直高度约80米。甘肃省文物工作队经过6年的发掘,于1983年6月发现了这座罕见的原始社会晚期的大型建筑遗址,又经过近2年的努力,才将这座规模宏大的建筑遗址揭露出来。

整个建筑布局井然有序,主次分明,形成一个建筑结构复杂严谨的建筑群体,分主室、左右侧室和前附属建筑4个部分。前3个部分面积为420平方米,附属建筑面积为290平方米。主室是一座长方形大厅,面积131平方米。两侧扩展为与主室相通的东西侧室,左右对称,主室后面以主室后墙和延伸的侧墙又构成单独的后室。主室的前面有附属建筑和宽阔的场地。

修建大地湾这样规模的建设,将耗费成百上千的劳动力和劳动日,在使用石器的时代,如此浩大的工程由一个氏族部落来建筑,是不可思议的。从复杂的建筑结构来看,显然不是一般先民的生活用房,也不像首领生活居住的地方。因此,专家们认为,这座建筑是氏族或部落联盟进行公共活动的场所,主要用于集会、祭祀或举行某种典礼,也就是五营河沿岸原始社会晚期氏族或部落联盟的公共活动中心,是一座宏伟、庄严的部落会堂。正因为如此,先民们在建造时,不

仅在追求宏伟、庄严、大方、实用方面下了功夫,而且对如何确保这座建筑在免受火灾危害方面,也下了功夫,从建筑设计方面采取了一系列的防火技术措施,开创了我国建筑设计防火的先河。

发掘的遗址表明,建筑四周的外墙,除主室和后室两侧残存外,其余已遭破坏,没有残存。但主室大厅两侧和后室之间残存的墙却比较清楚,墙体厚度达40—45厘米,均以泥土为主,当中以小木柱为骨架,并用树枝、草茎等为维系结构。在墙的表面,仍涂以与居住地坪相同的胶结材料。这些都不属于承重结构,主要起隔断和封闭作用。隔断和封闭,不仅在于方便使用,而且还具有防火的功能。按《春秋左传》关于"人之有绮,以蔽恶也"的记载,说明古代的墙主要是用于逃避凶险的。这凶险,除指风暴、猛兽外,自然也包括火灾在内。内墙的功能,显然更是后者。这里之所以要设置具有防火功能的分隔墙,同灶台设在主室正厅有关,因为灶台是生活用火和取暖用火的地方,其有较大的火灾危险,不能不加以防范。

《甘肃消防》
1994年05期

第一章 探究

大地湾地画含义新释

杨亚长

《文物》1986年第2期发表了《大地湾遗址仰韶晚期地画的发现》一文,详细介绍了地画的出土位置、内容、时代以及共存遗物等情况,同时对这幅地画的含义进行了分析阐述。此文发表之后,曾有数位学者先后著文对地画的含义进行分析研究,并且提出了各自的不同见解。笔者撰此拙文,拟就这幅地画的含义问题提出自己的一点粗浅看法,以求教于诸位方家同好。

我们认为大地湾地画是一幅原始《狩猎图》,这也是和当时的经济形态相一致的。有关学者的研究成果表明,大地湾仰韶晚期的经济形态属于走居的以农业为主的类型,同时狩猎经济仍然占一定分量,猎取对象多为鹿、羚羊等食草类动物和一些小型啮齿类动物。河蚌等软体动物也作为食物的补充。仰韶晚期狩猎经济的普遍存在,正是大地湾地画创作的时代背景。

我们认为大地湾地画是一幅原始《狩猎图》,也是同出土地画的411号房子的性质相适宜的。据报道,大地湾遗址发现仰韶晚期房址25座,除有一座房子(F901)面积为150平方米外,其余均属小型房子,面积一般在20平方米左右。F411平面呈长方形,长5.82~5.94米,宽4.65~4.74米,总面积约20平方米,属小型房子。F411无论从形状、大小、结构各方面均与其他小型房子无异,说明其并不是专门用作宗教或巫术活动的场所。而且从该房址内所出土的陶钵、陶盆、陶瓶、陶罐以及骨锥、石纺轮等日常生活用具来看,这座房子应该是当时人们所经常生活、居住而实用的。F411经过修复而形成上下两层,且屋内灶台也因长期使用而呈砖红色,说明这座房子曾经过了较长时间的居住和使用。由于F411面积较小,其形状、结构亦与其他小型房子无异,而且具有长期的居住和生活的实用性,因此,如果我认为地画是一幅具有写实性质的原始《狩猎图》,其内容与这座房子的上述特性也是相适宜的。

总之,我们认为大地湾地画是一幅具有写实性质的原始《狩猎图》。如果说

它还具有什么巫术性质的话，那就是当时人们通过对狩猎场面的描写，或许需要经过什么仪式，以求狩猎活动能有大的收获。

《考古与文物》
1995 年 03 期

大地湾遗址的文化内涵与开发前景

汪国富

为了保存大地湾这一珍贵的史前遗迹，国家文物局已提出了保护方案：大地湾以复原原始社会聚落和自然风貌为总体设想，科学地、全面地再现原始人的生产、生活和生态环境，建立我国第一个形象生动的史前文化遗址博物馆，作为考古科学研究基地与开放、旅游、学习的场所，即：将考古发掘出的遗址立体地恢复原貌，搭起房屋，开通壕沟，置放器物，塑造人像，复原田野里耕种、制陶、烧窑、狩猎的场景，一派原始社会生产、生活的情景。房屋炉膛火熊熊，烧水烤肉，充满生活气息。周围以树木为屏障，与现实环境隔绝，全然是一幅原始社会的气氛。更有趣的是这里将根据不同时期的遗存进行复原，置身其中犹如跨越了三千多年历史。由此可以断言，用不了几年，大地湾遗址将以它特有的魅力和原始风貌展现在游人面前。

一、大地湾遗址的文化内涵

1.大地湾一期的名陶，是中国乃至世界上最古老的名陶。其在大地湾一期文化遗存中发现。

2.大地湾一期的彩陶，是中国新石器时代考古工作中的重要收获之一。大地湾彩陶文化是我国迄今所知最早的彩陶文化。它将中国彩陶文化产生的时间上溯到距今八千年至七千年间，这和目前世界上发现最早含有彩陶的两河流域耶莫陶文化与哈孙纳文化的年代大致相当，这些充分说明我国黄河中、上游地区也是世界上最早出现彩陶的区域之一。

3.大地湾陶器上的彩绘符号与记划符号是中国原始文字的开端。大地湾出土的陶器以人头形器口彩陶瓶、圆底鱼纹彩陶盆、三人浮雕器口最为珍贵，更重要的是有些陶器上有彩绘符号和刻画符号。

4.大地湾F901是中国宫殿式建筑的雏形，其地面建筑材料是世界上最早的混凝土。在大地湾仰韶晚期遗存中，出土了F400、F405、F901三座大型房基遗址，其中F901为保存最为完好的一座。位于F400、F405之北，相距约百米，

大地湾全景图

门向南开，面山背河，与F组05相对应，亦为一座平地起建的大型建筑。它是由前厅、后室、左右"侧室"以及门前棚廊式建筑所组成的一座更加宏伟的"宫殿式"建筑。

5.大地湾F411的地画，是中国最早的绘画作品。地画位于室内后壁的中部居住面上，有人物和动物图案，上方正中的人物身躯宽阔，姿态端庄，似一男子形象。左侧人物则身躯狭长而略有弯曲，细腰，胸部突出，显系女性。正中人物下方有一方框，框内画着两个头向左的动物。这幅地画创作时间距今约有五千年左右。

6.大地湾遗址是我国农业的发源地之一。在大地湾遗址H398出土的炭化植物种子，经鉴定是禾本科的黍（俗称糜子）和十字花科的油菜籽，这是国内同类标本中时代最早的。国外目前报道的最早的黍，出土于希腊阿尔基萨前陶期地层，时代同大地湾H398相当。这一无可辩驳的事实说明大地湾文化是我国最早的农业文化之一。

《西北史地》
1996年02期

图书馆溯源

——秦安大地湾 405 号新石器时代房屋用途新探

刘正英

本文通过对秦安大地湾 405 号新石器时代房屋遗存的分析，推断出仰韶文化时代的大房子具有结绳挂藏室的功能，为研究上古结绳记事提供了重要依据。

从大地湾一期出土的陶器内壁上，就发现有十来种刻画符号，到大地湾仰韶文化早期，直至中期、晚期，出土的陶器上还是只有十多种符号，这一方面说明独立创造的文字发展是比较缓慢的，同时也说明"大地湾人"仍处于"结绳而治"的阶段。

那时候的"治"大概有哪些内容呢？首先要观察各种天体运行规律以确定历法；记录自然灾害发生情况以便预测预防；研究植物生长习性以增加食物产量；记载氏族系谱以确定个人在氏族内外所允许的婚育关系，等等。这些繁杂的事情要用结绳表达出来，必须分类予以记录。如干宝《搜神记》中有一则关于神农鞭百草的传说："神农以赭鞭鞭百草，尽知其平毒寒温之性，臭味所主，以播百谷，故天下号神农也。"以往人们误将"鞭百草"解释为"用鞭子抽打百草"，实际上是神农按平毒寒温及气味等不同特性进行分类，然后再一类一类地系（编）到红色的绳子上，以便人们识别和利用。

这些系到绳子上的植物标本，实际上就是人类在没有文字时代的一部植物分类"书"。如果大房内每两根柱子之间的绳子上可以悬挂一类记事结绳，则"大地湾人"当时至少能用结绳记二十种以上不同类型的事，这间大房俨然是上古时代一座颇具规模的资料室，即"大地湾人"已经有了类似于现代的档案馆或图书馆。

《江苏图书馆学报》
1996 年 06 期

大地湾文化与天水旅游经济发展研究

徐日辉

位于甘肃东南部的天水市,是一座国家级历史文化名城,以距今7800年的大地湾遗址为实物代表。大地湾遗址被誉为中华文明的源头之一,为古代东方文化的重要组成部分,系中国之瑰宝、甘肃之明珠、天水之骄傲。大地湾文化与天水境内的伏羲文化、秦文化、陇山文化、三国军事文化等有着密不可分的源流关系,已为世人所瞩目。然而,憾遗的是,如此重要的文化资源至今未能开发利用,尤其是在文化旅游方面最为突出。就此,本文从以下方面论证大地湾文化与天水旅游经济发展之间的关系。

信息时代的到来,打破了封闭的格局,迫使世界重新组合。大地湾虽然地处秦安县境,但也是天水市的一部分,就目前状况分析,只有联合开发共同利用才是上策,要提高秦安的知名度,不依靠天水不行。这一点连明代秦安学者胡缵宗都清楚,他在外地做官,报的就是天水籍贯。这是历史和政治的延续,从汉代起秦安就归属天水郡,而一千多年来,秦安一直为天水管辖。只有突出天水的中心作用,才能带动秦安,已为大家之共识。

天水市是中国历史文化名城之一,古为丝路重镇。新中国成立以来,随着交通的发达和境内麦积山石窟的对外开放,天水的知名度不断提高。近几年,天水连续举办了伏羲活动,利用伏羲在天水的优势,展开强大的宣传,已引起海内外有识之士的注意,其旅游城市的形象标志已逐步树立。天水市又是甘肃东南部最大的城市,有着深厚的文化积淀。因此,我们认为应建立以天水市为中心的"伏羲——大地湾文化旅游中心",便于研究开发综合利用,更有利于对外宣传、研究旅游和经营等多项功能。应建议有关部门,由市政府出面协调天水、秦安、张家川的关系,打破本位主义,尽快地把旅游资源利用起来,做到统一规划,统一部署,各方配合共同开发,真正形成文化融合、经济合作、资源共享、利益均得的良性机制。

《天水师专学报》
1997年01期

大地湾地画和史前社会的男性同性爱型岩画

陈星灿

　　文章通过人类学、民俗学、考古学的多重视角对甘肃秦安大地湾遗址仰韶文化晚期地画进行了剖析。撩开大地湾地画的面纱,其与世界各地史前时代广泛存在的男性同性爱型岩画有许多相似之处。

　　这幅画在仰韶晚期房屋地面上的画面,在年代上是没有疑问的,在画面上方的形象认定上也是没有疑问的。问题集中在以下几点:第一,画面下方方框中的图案是人还是动物?第二,画面上方的人物是男还是女?对这两个问题的认定,直接关系到对地画性质的解释。发掘报告的作者认为,画面上方的图案是人,而且是祖神。下方方框中的图案是动物,而且是代表供奉神灵的牺牲之物,因而这幅画面可能具有祖神崇拜的意义。从这种地画发现不多、出现在较小型的房基遗址中、地画绘制在房屋的上层居住面上等方面看,此地画可能是氏族小家庭的一种偶像崇拜。

　　但同时又认为,地画正中的人物身躯宽阔,姿态端庄,似为一男子形象。左侧人物身躯狭长而略有弯曲,细腰,胸部突出,系女性。从右侧残存的墨迹看,似也有一人,可能是一个小孩或另外一个女性。中间具有男性特点的人物形象是处于主导地位的,因而又认为这幅画面体现了原始社会晚期的三位一体的家庭组合方式。李仰松先生也认为地面上方两个人物是一男一女,但一个是巫师,一个是女主人。至于下面的方框及其中的图案,则被认为是长方形的木棺和象征害人生病的鬼像或象征敌人或妖魔。整幅画面是"人们施行巫术仪式的真实记录"。

　　对这幅画面所体现的巫术仪式,李先生认为可能有两种解读:其一,体现为"驱赶巫术",是一幅为家里病人驱鬼的写照,即巫师和女主人手持法器,驱赶下面墓棺中两个象征害人生病的鬼像。其二,体现为报复巫术,是为报复敌人请巫师来家做法加害敌人的写照。

　　仅从上面所征引的意见,就可看到学术界对地画的释读是多么的具有分歧

和不易。除了在认定地画是表现具有巫术或祭祀的仪式性质这方面是一致的,其他方面的见解差不多都是言人从殊。如前所述,对地画性质和内容的释读,首先取决于对画中每一部分图案的认定。但是这种认定正如整幅画面的释读一样困难。

首先,是画面形象和所表现的实际场面或物体之间的距离;其次是释读者(即我们)及其时代和描绘者(即史前人)及其所处时代的距离。这两个距离从根本上说差不多都是不可逾越的,后者的障碍还要大于前者。这是考古学的局限性所致。但是如果我们在原本孤立、分散的考古记录中间建立起大量的多样性的联系,在考古记录和民族学(包括古代文献)的记录之间建立起大量的、多样性的联系,那么就可能为考古记录找到近乎实际的解释。

《东南文化》

1998 年 04 期

论秦与大地湾农业文化的关系

徐日辉

秦发祥于甘肃天水,是其先祖非子为周孝王牧马有功被封邑于"秦",始有秦嬴之称;大地湾亦在甘肃天水,以中国农业文化发源地之一而著称于世。同一地区能产生如此重要的历史文明,二者之间有无关系,至今未见有人研究,所以本文拾遗补阙,求教大家。

当我们把大地湾一期出土的炭化黍粒与秦联系起来,一条非常明确的农业文化脉络便呈现在我们面前。毫不夸张地讲,大地湾正是秦地农业的发源地。正如已故学者冯绳武先生所言:"以秦安大地湾为中心的清水河谷是中国农业文化起源地之一,也是中国旱作农业的起源地"。王乃昂先生在《历史时期甘肃黄土高原的环境变迁》一文中同样指出:在距今 7800 年至 7300 年的秦安大地湾一期文化层中,发现了禾本科的黍(俗名糜子)和十字花科的油菜籽残骸。黍是禾谷作物中最耐旱的植物,生长期短,适宜在黄土高原的砂性土壤中生长,当地现在仍广泛种植。

旱作农业的出现,表明距今 7000 多年前的气候,在水热组合方面和现代没有本质的不同,即没有超出半湿润、半干旱气候的范畴。大地湾一期文化已形成定居的村落,出土遗物还有石铲、石刀和蚌镰等生产工具,说明人们使用磨制的石器来砍伐草木,开垦耕地,农业经济相当发达。从大地湾出土的大量遗物分析,秦地先民们已经转入定居的以农业生产为主的(应包括一定成分的渔猎活动,遗物中多有实物)发展阶段,与《易大传》中"以佃以渔"的伏羲时代大体相当。因为这里正是先秦时期的成纪,而史籍记载的人文初祖伏羲就出生在成纪。吴汝祚先生的研究表明:史前的甘青地区,在从事农业生产的同时,还发展畜牧业,这是符合当地自然地理环境要求的。这种农牧结合、多种经营并举的生产方式,是我们祖先在困难条件下艰苦奋斗所创造的光辉业绩。吴先生的研究使我们有理由将大地湾所在的秦地社区文化进行综合分析。

除了《诗经》外,《周礼·职方》亦称这里"其畜宜牛马,其谷宜黍稷"。此外,

大地湾一隅

还有《尚书·禹贡》《春秋左氏传》《史记》《汉书》等典籍,都直接或间接地提到秦地发达的农业和丰饶的物产。古代文献的载述,从一个侧面印证了自远古以来的实际情况,时至今日,基本如此。所以冯绳武先生推定,以大地湾为中心的旱作农业曾向四周传播。其中向东的一条途径就是"翻越陇山南段,经内河和济河谷地到关中平原与黄河三角洲。然后分别向南、北传播"。冯先生的论断正在为研究所证实。这里,我仅补充一点,就中国政区而言,天水确实居于中国版图几何中心的位置,而渭水上游又是古人类活动的重要区域,加上大地湾、西山坪、师赵村等领先周边的农业文明,向周边地区进行传播不是没有可能,如同我国周边的一些国家接受汉文化一样,自在情理之中。

《农业考古》
1998 年 01 期

秦安大地湾高分辨率全新世植被演变与气候变迁初步研究

夏敦胜　马玉贞　陈发虎　王建民

主要根据孢粉分析结果,并结合磁化率、碳酸钙恢复了陇西黄土高原地区全新世期间植被、气候的变化过程。结果表明全新世气候存在 3 个大的阶段,全新世早期距今 11 万年至 7 万年气候以寒冷为主要特点,中全新世距今 7 万年至 3 万年气候温暖湿润,晚全新世 3 万年以来气候以干旱为主要特征。研究区全新世大多数时期为草原植被,仅在 8.5 万年至 7.8 万年短期内形成针叶林植被。全新世期间曾出现 5 次干旱事件,它们具有大约 2 千年的准周期,并具有一定的突发性,距今 4.2 千年前后曾出现洪水事件。

秦安大地湾剖面位于我国新石器文化典型地区秦安大地湾遗址附近,前人对该地区文化序列的研究相对较为深入,也利用孢粉分析开展了环境演化研究,但系统性不够,难以重建较详细的自然环境变化序列。本文选择工作基础较好,厚达 8.3 米的秦安大地湾全新世黄土记录,利用较高分辨率（10 厘米,约 100 年）孢粉分析,结合磁化率和 $CaCO_3$ 含量变化,探讨分析全新世植被演替、气候变化和强粉尘堆积事件。

综上所述,本研究有下列 3 点结论:

(1) 全新世气候存在三个大的阶段,早全新世(距今 11000 年至 7000 年)气候以寒冷为主要特点,孢粉组合中针叶树花粉含量较高;中全新世(距今 7000 年至 3000 年)气候整体温暖湿润;晚全新世(距今 3000 年以来)气候干旱为主要特征。

(2) 除 8.5 万年至 7.8 万年短时期发育针叶林植被外,研究区不曾发育森林植被。全新世植被的变化主要反映在草原植被中草本植物组合方式的变化,晚全新世出现的高水生植物和阔叶树花粉含量仅指示局地生景的变化。

(3) 全新世曾出现 5 次较强的干旱事件,它们具有大约 2000 年准周期,干旱气候的发生具有突发性,距今 4200 千年前后曾出现洪水事件,当时气候可能具有一定的不稳定性。

《兰州大学学报》
1998 年 01 期

大地湾文化与黄帝时代

——从考古实物与史料看古成纪地区在我国远古史上的地位

李自宏　安江林

我国古代传说中的伏羲、女娲、炎帝、黄帝等原始社会后期的首领，以及他们推动原始社会进步并为文明的出现奠定基础的重要活动，虽然至今未有确凿的地下发掘物和第一手的历史资料予以证明，但仍然可以通过其他方面的考古发现和后人追记的史料进行间接性研究。本文就大地湾遗址与黄帝时代的有关历史线索提出一些看法，以期能对黄帝时代的先民们如何为华夏民族的形成和华夏人在亚洲东部地区最早进入文明时代奠定基础这一历史问题增加新的认识。

从时间上说，大地湾遗址包括了全部伏羲时代的历史过程。从伏羲出生地看，"伏羲生成纪，徙治陈仓"（《绎史》）。"华胥于雷泽履大人迹，而生伏栖于成纪"（《河图稽命徵》）。据考证，古成纪应在今秦安县北一带，与大地湾的位置吻合。大地湾遗址东北西三面环水，南依山。三面环水，有捕鱼之利，饮水之便，还可以阻挡野兽袭击。南面靠山，便于狩猎。这个地方对原始人来说，具有得天独厚的生存条件。另外，遗存与史书互为印证。从大地湾一期灰坑中，采集到了黍籽和油菜籽，印证了"命阴康氏主农田"。从大地湾遗址中有陶纺轮、骨椎等结绳织网的工具，以及印有网纹、鱼纹和绳纹为主的各式陶器，印证了"结网罟以教佃渔"。从遗址中有很多动物的骨骼印证了"养牺牲以充庖厨"。从建造大殿堂印证了"命大庭氏主屋庐为民居处"。

大地湾遗址对探索伏羲、炎帝、黄帝之间的历史联系有着重要参考、印证作用。生活在黄帝时代的众多原始部落和部落联盟，在迁徙、交往、融合中，共同创造了以轩辕黄帝为象征的当时最高形态的文化——炎黄文化。炎黄文化和黄帝时代为华夏民族的形成和华夏人在亚洲东部地区最早进入文明社会奠定了基础。甘肃清水县应是第一代轩辕黄帝的初居地。

《兰州大学学报》
1999 年 03 期

三、收获

从大地湾遗址文物看伏羲对人类的贡献

李建成

大地湾遗址的存在年代和出土的纺轮坯、尖状骨锥、大型灶坑、灶台、火塘、炭化的植物种子、小型和大型厅屋房址、彩陶、原始符号、地画等文物，不只说明天水是伏羲的出生地，而且说明伏羲对人类物质文明和精神文明做出了巨大贡献，不愧为"人文始祖"。

在大地湾一期文物中，有纺轮坯和尖状骨锥，这都是结网制绳不可缺少的工具，用陶片打磨而成的纺轮坯虽然十分粗糙，但有了它就能结绳制网。

关于伏羲钻木取火之事，古代文献也有记载：清代文人马骕记载先秦史事的《绎史》卷三中写道："伏羲生成纪，徙治陈仓"，"伏羲禅于伯牛，钻木取火。"

清代文字学家段玉裁明确指出伏羲所作的八卦是我国文字的肇端，他在《说文序》注中讲道："自庖牺以前及庖牺及神农，皆结绳为治而统其事也。庖牺作八卦，虽即文字之肇端……"从当时时代看，伏羲造书契以代结绳之政，是人类思维的一大进步。

其实，伏羲创造的文字符号，完全能说明中国方块字型笔画的萌生。中国方块字是在伏羲符号的基础上形成的。伏羲创造的八卦符号，以阳（—）和阴（--）为基础，画有八种符号，这八种符号实际上就是被创造的古代最早的八个方块字。

以伏羲为代表的先民们不但发明了陶器，而且发明了彩陶，因为在大地湾遗址中发现了世界上最早的、最古老的彩陶。有圆底鱼纹彩陶盆、人头形器口彩瓶、四虎护鱼纹壶等，颜色是棕色或紫褐色的。这些陶器本来就制作细致、图案精美、造型奇特、栩栩如生，一带上色彩就更加美观好看了。

在大地湾遗址中还发现了用陶片打磨改制的纺轮，这说明了以伏羲为代表的先民们已发明了简单的纺织技术。

《管子》中写道："虙戏造六，以迎阴阳，立九九之数，以合天道。"《春秋内事》中写道："伏栖氏以木德王天下，天下之人未有室宅，未有水火之和，于是乃

仰观天文,俯察地理,始作八卦,定天地之位,分阴阳之数,推列三光,建分八节,以爻应气,凡二十四气,消息祸福,以制吉凶。"(《太平御卷》卷七十八)从大地湾遗址文物看,大地湾先民就是根据伏羲制定的历法进行农业生产的。以大地湾遗址为中心的清水河谷为什么能成为我国最早的粮食和油料作物黍、樱、油菜籽的发祥地,和伏羲先民们掌握气候变化规律、制定历法有密切关系。

《天水师范学院学报》
2000 年 04 期

从大地湾一、二期文化遗存看我国古代母系氏族社会

汪国富

大地湾遗址是我国仰韶文化时期一处典型的母系氏族公社的聚落遗址。根据其一、二期文化遗存中出土的工具、房屋、墓葬等分析，这里是黄河上游地区一个以农业为主，兼营渔猎、采集、家畜饲养、制陶、纺织等手工业的重要文化遗存。

总之，大地湾一、二期文化的墓葬制度与整个村落布局及生活状况，充分反映了母系氏族公社制度下血缘关系的牢固性。每个氏族成员都依赖集体而生存，氏族则是由每个成员所组成的一个整体。依靠这种血缘关系，人们共同劳动，产品平均分配，过着没有私有制、没有剥削、没有阶级的原始共产生活。正如恩格斯指出："这种十分单纯质朴的氏族制度是一种多么美妙的制度啊！没有军队、宪兵和警察，没有贵族、国王、总督、地方官和法官，没有监狱，没有诉讼，而一切都是有条有理的。"

大地湾遗址发掘的收获相当丰富，资料极为珍贵，它为我们研究新石器时代考古及原始社会史提供了重要的科学依据，为我们恢复母系氏族社会繁荣时期的情景提供了十分宝贵的科学资料，令人信服地确立当时的经济类型和生活状况。确定其以农业为主，兼营渔猎、采集、家畜饲养、制陶、纺织等手工业，而农业生产始终是其全部经济活动的重要支柱，占据主导地位，其他各业作为经济生活必要的延续和补充。正是由于这种原因，才促使史前居民开始营建规模巨大、布局严谨的聚落，过上长久稳定的定居生活，繁衍人口，发展生产，呈现出一派繁荣。

《天水师范学院学报》
2002 年 06 期

大地湾遗址房屋遗存的初步研究

郎树德

甘肃秦安大地湾是我国西北地区最重要的新石器时代遗址之一。1978年至1984年原甘肃省文物工作队进行了连续7个年度的考古发掘，1995年又进行了补充发掘，总共发掘面积14752平方米，出土陶、石、玉、骨、角、牙、蚌器共8296件，获取动物骨骼17000多件。这是渭河流域继西安半坡、临潼姜寨发掘之后的又一次具有突破性的重大考古发现。它不仅第一次在甘肃发现了新石器时代早期文化，以及丰富的仰韶文化遗存，而且首次把甘肃地区文明起源的研究正式提上了日程，为中华文明起源的多元一体理论提供了重要的证据。大地湾考古的另一个显著特点和重要收获是发现了240座房屋遗存，为中国史前建筑及其相关研究提供了一批非常珍贵的资料。在过去的十多年间，我们相继发表了大地湾房址的部分资料，尤其是仰韶晚期大型建筑F901资料的发表引起了学术界的广泛关注。在整理资料编写报告的过程中，我们对房址的演变、分类及功能进行了较为全面的研究。为了促进学术界的讨论，现将有关大地湾房址的初步认识公布于后，以此就教于各位专家学者。

经过多年的整理研究，我们将大地湾遗存划分为5个文化期。第一期文化，即前仰韶文化阶段，有的学者将其命名为大地湾文化或老官台文化，碳测年代约为距今7800年至7300年（经树轮校正，下同）。第二期文化属仰韶文化早期，与半坡早期、姜寨二期大体相同，碳测年代距今约6500年至5900年。第三期文化属仰韶文化中期，与半坡中期、姜寨三期、福临堡一期面貌接近，碳测年代距今约5900年至5500年。第四期文化属仰韶文化晚期，相当于半坡晚期，与福临堡二、三期，师赵村四、五期基本相同，碳测年代距今约5500年至4900年。第五期文化，即常山下层文化，参照常山遗址碳测年代数据，年代大约距今4900年至4800年前后。

大地湾发现房屋遗存共240座，其中一期4座、二期156座、三期19座、四期56座、五期4座，另有2座仰韶房址难以确定所属文化期。在同一个遗址内，

大地湾 F901 遗址

发现数量如此众多的房址,在我国新石器时代考古中实属罕见。房址保存状况较好,在可以确定分期的 238 座中,属于完整、较完整或大体可以看出形态结构的房址共 138 座,占 58%,这些房址类型多样,变化复杂,蕴含着复原历史所需的多角度的庞大信息量。

从第一期到第五期,时间跨度约 3000 年左右,每期均有房屋遗存,尤以二、四期为多,可谓一部史前建筑的发展史。距今 7000 多年前的一期半地穴圆形房址,是我国迄今为止考古发现中时代最早的一批房址,代表着史前建筑的源头;距今约 6500 年至 5500 年前的二、三期半地穴近方形、长方形房址,系仰韶文化早中期的主流建筑;距今 5000 年前后的四期大型房址,则是目前所见我国史前时期面积最大、工艺水平最高的房屋建筑,充分展现了仰韶先民卓越的建筑成就,开创了后世宫殿建筑的先河。

系统地考察这批房址资料,总结其发展演变规律,不仅为渭河中上游史前考古分期断代树立了新的标尺,而且对于我们以此为基础综合研究聚落和社会的演进具有特别重要的意义和价值。

《考古与文物》
2002 年 05 期

甘肃秦安县大地湾遗址聚落形态及其演变

郎树德

甘肃大地湾遗址考古发掘以及取得的丰硕成果,不仅拓宽了甘肃史前文化的研究视野,而且在我国新石器时代研究方面也取得突破性的进展,因此被学术界评为20世纪百项重大考古发现之一。对大地湾遗址的发掘,首次在西北地区较全面地揭示了距今7000多年前的前仰韶文化内涵,同时展示了该地区新石器时期文化3000年的发展过程。特别值得注意的是,遗址中分属各期文化的房址多达240座,构成了不可多得的史前建筑发展序列。这对于我们以此为基础,综合考察大地湾遗址的聚落形态及其演变情况具有重要的意义。近年来,聚落考古备受关注,许多学者就大地湾遗址聚落曾发表了不少真知灼见。笔者有幸参加了该遗址的发掘、资料的整理以及报告的编写工作,在这一过程中,我们发现大地湾二期各段聚落的变化、四期聚落的布局和规模,是同期其他遗址少见或未见的,应当予以充分重视和研究。本文根据发掘资料对大地湾遗址聚落的布局、结构和演变进行初步分析,企盼学界同仁指正。

对大地湾遗址的考古发掘,展示了聚落形态在一个遗址内历经3000年的发展轨迹,揭示史前聚落从小到大、从河边阶地到山地、从低海拔到高海拔、从单一到复杂的演进过程。透过大地湾聚落的发展,我们看到它既受到自然地理条件的制约,又与当地的山川环境和谐统一。站在F901所在台地,清水河谷尽收眼底,两岸数十里一览无余,中心遗址气势不凡,真可谓"天人合一"。

一至三期聚落基本选择在河边阶地;四期经济的发展、人口的压力迫使人们向山地发展,而先民的聪颖智慧又造就了四期聚落的辉煌。由第一期的台地散点式聚落,经第二期的台地环壕式聚落,发展到第四期的山地型中心聚落,这或许应被视为黄土高原地区大型史前遗址及聚落发展的一种基本模式。经济的发展是聚落演变的内在动力,因此聚落形态必然地反映出经济发展的不同阶段。

大地湾各期均为农业文化,经济结构由农业、狩猎、家畜饲养业组成,但各期所占比重不同,总的趋势是农业逐步发展,尤其是第四期农业发展迅猛,农业生产工具如石刀、陶刀数量较前成倍地增长,储粮的袋状窖穴大量增加。动物骨骼中,猪类在第一期最少,第四期最多,鹿科标本正好与此相反,表明狩猎比重日渐下降,家畜饲养业日益发达。这正是第四期聚落达到鼎盛的物质基础。实际上,在甘肃东部及邻近地区,在每一史前遗址较集中的河流谷地,大多都会有大地湾一类的中心遗址,如秦安寺嘴坪、西和宁家庄、礼县高寺头等。

1986年,我们在高寺头遗址所在的山坡中部,曾清理出一座长达20多米的仰韶晚期大型建筑,它应是中心遗址的大会堂。仰韶文化晚期这类中心遗址的出现不仅表明聚落的分化,而且标志着距今约5000年前史前社会正处在向文明社会大步迈进的重要阶段。

《考古》
2003年06期

甘肃秦安县大地湾遗址仰韶文化早期聚落发掘简报

甘肃省文物考古研究所

大地湾遗址的发掘简报曾经发表过数篇,主要报道了第一期、第四期及大型房址F405、F901的情况,还包括F411地画的材料。在大地湾各期遗存中,仰韶文化早期I段的聚落布局最为清晰,具有重要的研究价值。为了促进聚落考古的研究,现将大地湾仰韶早期I段聚落予以简要介绍。

大地湾仰韶文化早期I段遗存的主要文化特征是:房屋为半地穴式建筑,平面均为方形或长方形,房屋内有灶坑,灶坑多为瓢形或圆形,个别大、中型房屋内有土床。墓葬分成人墓和儿童瓮棺葬。成人墓均为长方形竖穴土坑墓,单人仰身直肢葬,其中7座墓随葬品放置在左侧近方形小坑中。随葬陶器组合一般为圆底钵、夹砂罐、葫芦瓶、细颈壶等。这一时期的陶器以细泥、夹砂红陶为主,典型器物为圆底钵、叠唇或卷沿盆、葫芦形口尖底瓶、钵、盆形甑等。纹饰以绳纹最多,还有线纹、弦纹等。彩陶均为黑彩,富有代表性的纹饰有宽带纹、鱼纹、三角纹等,宽带纹上发现有刻画符号。石器磨制较精,器形规整。骨器种类多,骨体石刃器富有特点。

陶制生产工具以陶锉、纺轮居多。上述文化面貌与邻近的天水师赵村、西山坪同类遗存基本相同,与陕西临潼姜寨二期、渭南史家墓地也相当接近,但也存在一定的差异,如关中一带圆形房屋较多,盛行杯形口尖底瓶,多人合葬墓普遍;而宝鸡以西的仰韶早期遗存中圆形房屋较少,尖底瓶为葫芦形口,墓葬以单人葬为主,鱼纹图案也与关中一带不同。

发掘表明,I段的所有遗迹均分布于环形大围沟之内。由围沟、房址、灶坑、墓葬、灰坑和窑址共同构成了一个布局清晰、保存较好的原始聚落。中西部为近千米的广场,广场上有一个公共墓地。西北部有2座大型房址上下叠压,表明其也有早晚之别。

大房址中均设有土床,墙壁上有一周墙柱,与其他中小型房址建筑规格明显不同,应是氏族首领的住所,并兼作公共集会、祭祀之用。中小型房址呈多层

大地湾聚落

扇形分布于广场和大型房址的周围,东部的门向西,西部的门向东,南部的门向北等,均以广场为聚落中心。中型房址均出土较多的生活用具和生产工具。F17、F310为一种套穴式房屋(F17内设有土床),一东一西,遥相呼应。这类房址分布均匀,间距较大,前后左右被小型房址所簇拥,显示出中型房址的特殊性,这类房址推测系家族长者及未成年子女的住所。在I段聚落布局中,也有极少数房址不向心,如F235向东,F255、F382向南,F381向北等,又根据F235被同段的墓葬所打破,F255又被同段的瓢形灶和F254所叠压的关系来看,它们可能是更早的村落遗迹,当时可能还未形成向心的布局。

大地湾第二期I段聚落是甘肃省首次发现的仰韶文化早期聚落,这是继半坡、姜寨、北首岭聚落之后的又一重要发现,为我们研究原始社会组织、聚落演变提供了珍贵的资料。

《考古》
2003年06期

甘肃秦安大地湾遗址出土陶器成分分析

马清林　苏伯民　胡之德　李最雄

　　根据甘肃秦安大地湾遗址1978年至1982年发掘的主要收获以及近年来甘肃省文物考古研究所研究人员认为,秦安大地湾遗存主要分为五期,即大地湾一期(前仰韶文化)、大地湾二期、三期、四期及五期。截至1982年底,秦安大地湾遗址发掘面积12000平方米,清理房址226座、灰坑328个、墓葬76座、窑址33座、壕沟6条,出土遗物7700余件,其中出土陶器(陶片不计在内)4000余件。大地湾遗址丰富的遗物由此可见一斑。

　　陶器作为当时日常生活的必需品,其产量与使用量都很大。大地湾遗址持续时间很长,前后近3000年。不同时期的陶器不仅在制作工艺、装饰技术上有所不同,而且对于制陶原料的选择、羼和料的配比也因时代而异。本文选择遗址一至五期有代表性的陶片,首次利用X荧光元素分析仪对陶片主要元素成分进行了测定。

　　大地湾一期以夹砂陶或泥质陶为主,陶器烧制火候不匀,器表颜色不纯正。大地湾二期部分细泥陶多采用淘洗过的陶土,器物质地细腻、紧密,这一工艺从分析结果中获得了实验证据,此时期黑彩红陶盛行。

　　从陶片主成分分类图看,大致可将陶胎黏土分为三个区域,陶胎的化学成分较复杂,与甘肃其他地方如甘肃中部的马家窑文化陶器成分互有叠盖。在利用EDXRF和人工神经网络对大地湾遗址出土陶片、永登马家窑类型陶片做分类与产地研究时,发现大地湾四、五期的少量陶片与永登马家窑陶片分在一个区域中。考虑到古代陶器交换与人类迁徙存在的必然性,有理由认为秦安大地湾的陶器中有外来陶器存在的可能性。

　　由于大地湾遗址陶器的制作与使用年代很长,从制陶工艺发展变化看,首先出现彩绘陶、彩陶,中间阶段基本为彩陶,晚期又出现了以胶接材料为黏附剂的彩绘陶。考虑到人群是历史活动与文明创造的主体,因此,有必要对大地湾遗址中各期陶片及大地湾遗址周围适于制作陶器的黏土进行调查、分析,再将其化学成分与邻近地区其他同时期文化遗址中的陶器成分进行对比，以期揭示大地湾遗址更深层的文化内涵、人群的社会行为和活动轨迹。

《考古》
2004 年 02 期

记甘肃大地湾遗址剖面和旧石器遗存

谢骏义　陈善勤

　　大地湾是我国渭河上游享有盛名的一处新石器时代文化遗址。该遗址包含了前仰韶、仰韶、常山下层三个阶段约 4000 年的文化遗存，保存有 F901 等上百座原始社会房址聚落。本文记述了大地湾遗址区的地形剖面和 1993 年冬在 F901 保护厅桩基下 17 米深处发现的一件用来砸击石片的锤石，推断该锤石为旧石器时代的遗物。提出大地湾遗址各期文化聚落主要集中在地形开阔、土层较厚、取水方便、少受甚至不受水患侵扰的 T2 和 T4 上。笔者认为在大地湾 T2 上孕育发展起来的文化聚落，经过前仰韶时期、仰韶早期、仰韶中期，已不适应生产水平和人口迅速增长的需要，必须寻找更为广阔的聚落营地，这便是大地湾仰韶晚期聚落由 T2 扩展到 T4 的气候和人口因素。由于古气候、小地形及土壤水文自然环境和社会发展多种因素，致使大地湾遗址区的原始聚落在仰韶晚期由 T2（Ⅱ级阶地）向 T4（Ⅳ级阶地）扩展。

　　大地湾是我国渭河上游享有盛名的一处新石器时代文化遗址。其中的 F901 是我国已知规模最大、保存最好的原始会堂式建筑，早在发现初期的 1985 年至 1987 年即建有大厅予以保护。1991 年发现保护厅东北角墙体地基下沉，急需加固。1992 年至 1994 年，谢骏义作为甲方代表之一，参与了大地湾遗址保护厅加固工程的前期勘察、方案征集和施工组织工作，曾多次前往该地。1993 年冬，大地湾 F901 保护厅加固工程开挖井桩时，于大厅西北角外侧桩孔下距地表 17 米深的黄土层中，发现 1 件有人工痕迹的扁平砾石，引起了当时负责工程监理的兰州有色冶金设计院高级工程师赵同春的注意。据挖桩基的工人讲，这件石制品上的人工痕迹，绝不是他们挖井取土时敲击碰撞造成的，而是原来就有的。赵同春将这件石制品带回工地住处交笔者查看，被认为是一件生产石片的锤石（石锤或石砧）。现就这件石制品和大地湾遗址的地形剖面作粗浅介绍，以期引起有关学者对该地区旧石器时代考古及环境考古的注意。

　　由前述大地湾文化遗存的分布可以看出：大地湾遗址各期文化聚落主要集

中在地形开阔、土层较厚、取水方便、少受甚至不受水患侵扰的 T2 和 T4 上。以邵店村为中心的 T2 上，分布着时代较早的前仰韶文化、仰韶文化早期和中期的遗存，遗迹现象密集，文化遗物丰富，但聚落单位较小，结构比较简单，并以内部平等的凝聚式的聚落为主。而在冯家沟、长虫梁之间广阔的 T4 上，分布着时代较晚的仰韶文化晚期的遗存，遗迹现象也比较丰富，而聚落单位规模较大，结构较复杂，形成以 F901、F405、F411 等有中心、等级有别的高等级聚落。大地湾遗址区内文化聚落何以由早期在 T2 上发育，到了晚期又向 T4 上发展？这是一个耐人寻味的问题。

《第九届中国古椎动物学学术年会论文集》
海洋出版社，2004 年（P233—241）

从大地湾遗址看中华文明的起源

孙周秦　宋进喜

中华文明的起源,一直是史学界和考古界关注的重大课题。从考古学上衡量文明有三条标准:一是要有城市,二是要有文字,三是要有复杂的礼仪建筑。殷墟考古表明,中国在3600年前的商代已进入了文明社会,但这不是中华文明的源头;二里头考古表明,中国在4000多年前的夏代已进入了文明社会,但这也不是中华文明的源头;国内最新考古成果,特别是大地湾遗址考古成果表明,"中华民族有8000年的文明史已毫无疑问"。大地湾史前遗址的考古成果科学而又翔实地证明,早在距今8000年左右的大地湾文化时期,中华文明就已经从这里发源。在大地湾遗址出土的彩陶及其残片上,发现了我国最早的文字;大地湾遗址出土了复杂的礼仪中心;大地湾仰韶晚期聚落已出现了"城镇化的开端"。可以认为,大地湾是中华文明孕育的一方温床,大地湾文化与我国其他地区的原始文化相互融合、相互影响、相互促进,才形成了薪火相传、绵延至今的中华文明,从而推动了人类社会和人类文明的不断进步。

19世纪英国著名人类学家摩尔根在《古代社会》一书中将人类社会划分为蒙昧时代、野蛮时代和文明时代。恩格斯认为"他所提出的分期法,在没有大量增加的资料认为需要改变以前,无疑依旧是有效的"。大地湾遗址一期文化属考古学上的新石器时代,即野蛮时代。而文明时代是在野蛮时代的母体中孕育产生的,所以,为了揭示人类文明社会"怀胎十月"的过程,自然要在其母体中去探求文明诸因素的起源。

大地湾遗址位于陇西黄土高原、渭河支流清水河流域的南岸二、三级阶地及缓坡山地上,分山下(河边台地)、山上两部分,其文化内涵包含了距今8000年至4800年前后延续约3000年的古文化遗存。在大地湾遗址,尤其是在距今5000年左右的仰韶晚期遗址中,我们看到了这里迸发的文明火花,而就是这些火花,为中华文明起源的探索提供了极为有益的启示。

综上所述,我们完全可以肯定,中华文明史并非传统所说的"上下五千

秦安县陇城镇女娲洞

年",大地湾遗址的考古研究成果将中华文明史上溯到了距今 8000 年。大地湾是华夏文明孕育的一方温床。大地湾文化与我国其他地区的原始文化相互融合、相互影响、相互促进,才形成了薪火相传、绵延至今的中华文明,从而推动了人类社会和人类文明的不断进步。

《天水师范学院学报》
2008 年 04 期

大地湾民俗体育文化探析

刘茂昌

　　运用文献资料、实地考察、访谈等方法进行研究。大地湾遗址周边民间民俗体育主要有蜡花舞、舞狮子、打梭、打毛猴、旱船等,对当地文化体育活动有积极的推动作用。

　　从大地湾遗址周边河谷的地理构造特征看,四周皆为梁峁沟壑,中间是由洪积物发育的一至三级阶地。这些阶地地势平坦,气候温和,土壤肥沃,雨量充足,背靠山丘而又临近河湾,且避风温暖,自然条件得天独厚,十分有利于远古先民居住生活。在生产生活过程中,逐渐演变为以农业为主和狩猎捕鱼为辅的生活方式。村落的形成,人口的繁衍——初期农耕文化基本形成。从远古至今,农耕文化一直影响着大地湾遗址周边民俗体育文化的传承。浓厚的原始崇拜与民俗文化有着千丝万缕的关系,是民俗体育文化赖以生存的灵魂。大地湾遗址

大地湾先民生活状态复原

周边的居民在同大自然的交锋中，时常会碰到无法抗拒的灾害，自然把希望寄托于各种崇拜情结，如：天神崇拜、祖先崇拜、山神崇拜、地神崇拜、谷神崇拜等，希望保佑来年风调雨顺、人畜兴旺、国泰民安。这种祭祀时的民俗活动久而久之便演变为民俗体育活动。在传统节日或喜庆和丰收节日，依附于各种原始崇拜的民俗体育活动逐渐成为祭祀的主角。

原始崇拜在民俗文化发展的过程中成为维系民俗体育文化传承的纽带。步入20世纪以来，"随着近代中国门户的开放，西方文化不断大规模地来到中国，落户华夏大地，尤其是奥林匹克文化大规模传入，成为民族传统体育文化失忆的原因"（陈青）。同样，民俗体育文化也在受到近代西方体育文化的强烈冲击后备受冷落，特别是20世纪80年代后出生的年轻人，他们在各级学校更多地接受西方体育教育（如：篮球、田径、足球、体操等）。当前，NBA、世界杯是他们平时谈论的主要体育话题。据报道，姚易对决有两亿以上中国人关注，而对民俗体育文化，人们却知之甚少。

另一方面，电视等现代媒体对我国各地民俗体育介绍相对少一些，偏重于西方体育运动的宣传。对于中年人而言，在早年生活的困难时期，大多数人都参与过各种民俗体育活动（如打梭、舞狮子、打毛猴、踢毽子等），曾有深厚的感情，但也受到很多因素（如：电视、工作生活、家庭教育、自卑心理、酗酒、赌博等）的影响，民俗体育文化的情结也日益淡化。尽管大地湾遗址周边的蜡花舞、舞狮子等近期被列为非物质文化遗产，得到一定的重视，但其中很多民俗体育文化成分被丢失。如蜡花舞中的表演服装、花灯由过去的鲜艳、精致变得简单、粗糙；舞步、形体动作由过去以碎步为主，演变为现在的以秧歌舞步为主；一些难度较大的形体动作如高挑扇、底摆扇，在许多村寨已无人会做；工业化的塑料狮子头代替了原先人工用竹子做的狮子头，失去了狮子高大勇猛的形象等等。

我们不能只沉浸于失落之中，应当摆脱当下浮躁的文化心理的影响，根据民俗体育文化的特征，整理和挖掘其内涵，创造与现代发展相适应的文化环境，使大地湾遗址周边民间民俗体育文化走出近代以来失落的低谷，得到持续地发展。

《体育文化导刊》
2008年11期

甘肃史前建筑和大地湾文化遗存

何如朴　许新亚　侯秋凤

史前建筑是建筑之源,其形成和发展过程对后世影响巨大。研究古建筑遗存并加以复原,有利于加深对中国建筑系统形成的了解及对建筑空间构成原理的认识。

建筑和建筑文化是人类文明的组成部分。建筑的历史与人类历史基本同步。从最早寻求天然洞穴遮蔽风雨,抵御禽兽,到使用简陋的工具搭建房屋,进而不断加以改进,使之初具规模,经过了漫长的发展过程。

在进行建筑活动的同时,人类对建筑的认识和理解,掌握的建筑技术和艺术,也以物化的形式存留在建筑中。木构建筑何以成为中国建筑的主流,成为中国建筑的代表,成为与西方建筑风格迥异的独立系统,是许多建筑师和科技史学者讨论的热点。对史前建筑的研究,实质就是对建筑起源的了解和认识。由于年代久远,史前建筑的地上部分早已荡然无存,对它的了解和认识,只能基于考古获得的资料和有关研究成果。黄河上游是中华民族文化的发源地之一,史前文化遗存十分丰富。建筑遗存尤以甘肃秦安大地湾最为典型。该遗存覆盖范围广,时间跨度大,建筑类型丰富,揭示了史前建筑的许多信息,使我们对甘肃史前建筑有了更多的了解。

大地湾遗存经历了大地湾一期和仰韶文化早期、中期和晚期的发展序列,持续时间约三千年。每个发展时段的建筑遗存都有发掘和发现。对比各时段的建筑遗存,可以清晰地看到,晚期房址在平面布局、结构构造、建筑技术等各方面都有明显的进步,表明随着时间的推移,房屋建筑也不断得到改进而趋于成熟。

生产力发展水平的差异对建筑体系的形成和发展也有巨大影响。数千年前,在生产力极不发达的时代,仅凭手中的石制工具,先民们建造出如F901、F405等体积庞大的会堂式建筑。而且建筑的平面布局及剖面、墙体做法、墙体及地面材料、建筑防火防潮、聚落布局和建筑朝向方位等,都有周密的安排。但其他建造年代相近甚至较晚时期的建筑,如永昌三角城遗址,与大地湾的差异相对较大,应与生产力发展水平的差异有关。

考古资料表明,至迟到马家窑文化晚期,甘肃境内农业和牧业的经济区划逐渐形成,大地湾和三角城分属以农业和牧业为主的经济区域。与牧业活动比较,农业生产要求对气象、地理、数学等知识有更多的了解,以便掌握农时、估计产量等等。通过生产实践中的不断观察和总结,农耕区生产力技术水平显然优于半农半牧区和牧业区。建筑技术的进步正是反映了生产力发展的进步。

《建筑与文化》
2008 年 02 期

大地湾地画新考

邵明杰

大地湾地画是我国迄今已知最早的建筑绘画作品，众多学者曾先后著文对地画含义及功用进行释读。本文通过对地画上部人物、下部动物及人物左手动作的分析，认为该地画是父系社会阶段体现"求丰育"观念，与巫术思想无关的装饰画。

1982 年，在甘肃秦安大地湾仰韶晚期房址 F411 地面上发现的绘画，是我国迄今已知最早的建筑绘画作品，在考古学、人类学及美术史研究中具有重要价值。大地湾地画保存状况较好，画面清晰，一出土便因其独特的人物造型及神秘的画面内容引起学术界的普遍关注。众多学者先后著文对地画含义及功用进行了释读。

考古报告认为，该地画可能有祖神崇拜的意义。画面上方的人物是祖神，下部方框内的动物是供奉神灵的牺牲。画面表现的不是原始社会氏族和部落共同的祖神，可能是氏族小家庭的一种崇拜偶像。并认为地画体现了原始社会晚期以男性为主导的三位一体的家庭组合方式。

将地画做旋转时会发现，只有当方框处于人物脚下时，方框内图案才具有最稳定的构图感。而两只头向左，成卧姿的昆虫形象便会呈现在人们面前。该昆虫可明显区分头、胸、腹三部分，头上有触须，由胸节处生出翅膜（除画面可见的左翅外，绘者还想通过昆虫尾部的折线表现被遮住的右翅），身下有分节的足，细长的腹部呈环节状。右侧昆虫头上着重描绘的三根触须，可能是绘者在有意强调两只昆虫的雌雄区别。下部方框内所绘之物，除腿数外，完全符合有翅类昆虫的特征。而将昆虫绘得与人同大，原因可能有二：第一，受所用绘画工具的限制，只能以较粗的线条描绘图案（最细处如右侧昆虫的触须、左上角人物的左臂），按实际比例难以绘制该昆虫。第二，绘者有意将处于地画中心位置（画面右上角的炭黑残存应为一人，左侧反"丁"字形图案也似为一人的右腿）的昆虫放大，以起强调作用。多名男子右手握勃起的男根，左手举至头部，面对两只昆虫交胫而舞。想要解读这一景象所要表达的含义，有必要强调一个被各位释读者忽视的细节——画面上方两人物左手臂弯间垂下的条状物。无论是从直观形态上还是两条状物的直观差异上，都不似发辫或头饰。

《四川文物》
2009 年 03 期

论大地湾一期文化与中国农业起源的关系

苏海洋

距今 8200 年至 7400 年的大地湾一期文化，是我国北方发现的最早的原始农业文化之一。但大地湾一期文化不是中国新石器农业文化的源头，它处于原始农业向"刀耕火种"农业的过渡阶段，仅仅是漫长的农业起源过程中的一个重要环节；大地湾一期文化所在的渭河上游也不是中国北方旱作农业的唯一起源地，仅仅是黍作、粟作农业起源地带的一部分。不过，从史前自然条件和经济条件看，渭河上游应该是西北地区黍、油菜等农作物和羊等家畜的重要培育地；考古亦发现大地湾农业文明向四周传播的证据。

大地湾一期炭化黍

渭河上游地区是我国北方旱作农业的重要起源地之一。考古发现，距今 8200 年前后，本区就已经出现了以种植黍（糜子）、粟（谷子）和油菜等旱作农作物,饲养猪、狗、羊和鸡等家禽家畜为标志的定居、半定居的农耕经济。大地湾和西山坪大地湾一期新石器遗址230、238,是我国北方目前发现的最早的原始农业遗址中的两个,它们的发现,为探索北方旱作农业文明的起源提供了重要的线索。但学术界有人将大地湾一期文化作为中国新石器早期农业文化的源头,这不利于对中华文明源流的深入探索。笔者不揣浅陋,欲对大地湾一期文化(公元前6000年至5400年)在农业起源中的地位及意义进行一番新的检讨。

正如徐旺生先生所言,"农业独立起源包括农耕方式独立起源和种质独立起源,粟和水稻可能分别起源于黄河和长江流域,但农耕方式可能起源于华南地区。"大地湾一期居民可能来源于南方温暖地带,在距今6500年至5900年的大地湾遗址二期文化层发现的原产华南的钻孔短褶矛蚌,启示我们大地湾一期文化农耕方式可能与华南有密切的联系。

虽然大地湾一期农业文化不是中国农业文明的最上源,也不是中国北方旱作农业文明的唯一起源地,但从自然条件和经济条件看,可能是西北黄土高原禾本科的黍和十字花科的油菜等作物的培育地。

《西北农林科技大学学报(社会科学版)》
2009年06期

秦安大地湾遗址骨器研究

余羽中

大地湾各期居民制作骨器时在选料上的倾向性反映了他们对动物及其骨骼的特性有了全面的认识，在制作骨器时充分考虑了器物对骨骼特性的要求。而这个变化很可能是因他们所处的生态环境的变化导致的。

考古工作者在大地湾遗址发现了极其丰富的前仰韶时期和仰韶时期文化遗存。遗址的一期至四期遗存内出土了骨角牙蚌器2227件，由兰州大学生物系解剖学专家丛林玉先生鉴定了其中解剖特征明显的711件，鉴定项目包括所属动物及其骨名，并撰写了《大地湾遗址骨器鉴定登记表》（下称《登记表》），这是一项具有开拓性的研究工作。但必须指出的是，虽然所选择的鉴定器物均为保留解剖特征较显著的，然而在《登记表》中依然有不少不能最终定种的情况。因此本文在应用这些数据时，暂不考虑这些不确定因素。

本文将经过鉴定且层位明晰的692件骨角牙器（下称骨器）的相关数据建立数据库，对各期骨器按照类别和所用的动物进行统计，得出各期居民制造和使用各类骨器的比例以及各种动物骨骼用于制作骨器的比例，对比各期的数值，看出大地湾居民在制作骨器所用动物的变化。按期分类对制作骨器所用到的动物骨骼的骨名进行统计，得出了各期居民在选料上的倾向性。

大地湾居民在猎获的鹿科动物减少的情况下，多用家猪腓骨制作对硬度要求不高的骨笄，而对硬度有一定要求的骨锥、骨镞和骨铲则依然多由鹿科动物骨骼制成。骨器与陶器、石器一样，是古代人类必不可缺的生活生产工具。但是骨器并没有像陶器与石器般在原料、形制、功能、制作方法等方面得到专门的研究，发掘报告中关于骨器的记录只局限于器物种类判定、形状描述和尺寸测量，大多只是作为经济形态研究中的补充素材。

本文的结论证明，通过对一个持续时间较长的遗址出土的骨器进行类型、所用动物、所属骨骼的鉴定和统计，可以看出古代居民在不同时期对制作骨器选料上的倾向性。统计结果表现出的恒定或变化，很可能是生态环境、聚落规模和形态、生业模式的直接反映。新石器时代居民不同的生产模式与不同的自然环境条件应当是密切相关的。笔者认为，骨器研究深化和细化的第一步，便是鉴定其所属的动物和骨骼。将各项鉴定数据建立以器物类型及其原料依时间和空间变化的"四维"数据库，统计分析的结果必将得到动物考古、环境考古、聚落考古等方面的新素材。本文关注的研究材料、提出的研究方法和得出的结论还需要结合更多的遗址材料，以提出科学全面的认识。

《农业考古》
2009 年 01 期

四、再探索

大地湾出土彩陶鼓辨析

马岩峰　方爱兰

陶鼓,是一种具有久远历史的膜鸣打击乐器,是鼓类乐器发展史上的最早形式。当人类开始能够制造陶器,创造各种生活器具或生产用具时,其中的一些器物所发出的声响就启发了先人制造乐器,将缶、罐等一类生活器皿的口部简单地蒙上动物的兽皮,用土块、骨、木或手等敲击,就能发出"砰砰"的声响,这应该就是人类最早的土鼓或陶鼓了。从古史文献记载和目前所掌握的出土文物来看,陶鼓在古代人类音乐生活中发挥着重要的作用,它们是远古氏族社会音乐生活的支柱,与陶响器、陶埙一起构筑了史前的彩陶乐器文化景观。史前陶鼓主要分布在黄河流域、辽河流域、淮河流域和长江流域。其中,位于黄河中上游的甘肃省陶鼓所出甚多,时间跨度也很大。而出土于距今约7800年并有着三千年文化延续的新石器时代遗址——秦安大地湾仰韶文化中期的彩陶鼓,更以其年代之久远深得世人的关注,为我们研究古史传说时代华夏的音乐生活以及原始乐器提供了珍贵的实物标本。

秦安县大地湾遗址出土的这件彩陶乐器保存较为完整,在大地湾仰韶文化中期出土文物中为数不多,但造型雷同,泥质亦一致,均为橙黄陶,遗憾的是仅复原一件,其余均为残片。彩陶器纯属手工制作,从实物上还能清楚地看到手制的痕迹。陶鼓整个用陶沙灼制而成,质地较疏松。器身呈一圆柱形,身直而

大地湾彩陶鼓

深，直腹平底，另一头开着，直口圆迭唇，颈部附加四个角状倒钩钮环。器身装饰有交叉绳纹，直径20厘米，高25厘米，直径刚好可屈膝而鼓，尺寸也符合身背而鼓之要求。

大地湾陶鼓是迄今发现的新石器时代陶鼓中时代最早的实物标本之一，其意义之大不言而喻。大地湾是中华远古文化的发祥地之一，也是华夏文明起源的重要地区。出土于秦安大地湾的这类置地而鼓的彩陶鼓又何尝不是华夏族史前音乐文化的珍贵资料和原始鼓类打击乐器的最早形式呢？

因此，本文通过《大地湾发掘报告》提供的最可靠、最翔实的出土文物资料对大地湾陶鼓进行研究，以为音乐学者关注大地湾史前音乐起抛砖引玉的作用，望能有更多的音乐学专家对甘肃天水大地湾的史前音乐文化深入研究，以期能够在中国古代音乐史教科书上翔实地添加一笔。

《民族音乐》
2010年05期

对大地湾彩陶纹样的调查和研究

王黎明

  大地湾文化在长期的交流融合中形成了自己独特的风格。随着时代的变迁,许多精美的彩陶在今天已经失去了实用的功能,成为了历史和民俗的一种见证。作为史前艺术的重要组成部分,丰富的彩陶遗存,既是艺术源头的重要资料,也是原始文化的重要物证。它为我们推测原始先民曾经有过怎样的物质生活提供了证据,也为我们推测先民有过怎样的精神生活打开了想象空间。从彩陶作品中我们可以得出肯定的结论,远古先民曾经"物质地"生活着,也"精神地"生活着,"艺术地"生活着。彩陶现象的背后意味着一个漫长的物质实践过程,也展示着一个广阔的心灵世界和艺术天地。

  由于大地湾遗址陶器的制作与使用持续的年代很长,从制陶工艺发展变化看,首先出现彩绘陶、彩陶,中间阶段基本为彩陶,晚期又出现了以胶接材料为粘附剂的彩绘陶。考虑到人群是历史活动与文明创造的主体,以期揭示大地湾遗址更深层的文化内涵、人群的社会行为和活动轨迹。在大地湾遗址中,还发现了一件艺术珍品,这就是地画。地画是用炭黑作染料绘制而成的,地画正中有一身躯宽阔、姿态端庄、好像是男子的形象;左侧的人物,身躯狭长而略有弯曲,细腰,胸部突出,明显地表现为女性。画面的下部方框内绘有一个动物。据考古确定,这幅地画距今约5000年的历史,"是迄今所知我国最早而且保存完善的绘画作品",对研究中国绘画的起源和原始社会的绘画艺术有重要的学术价值。它改写了中国美术史,将其前推了2000多年。

  黑格尔说:"心灵不仅把内在生活纳入艺术作品,还能使纳入艺术作品的东西,作为一种外在事物,具有永久性。个别的有生命的自然事物总不免转变消失,在外形方面显得不稳定,而艺术作品却是经久的……"彩陶就是纳入了远古先民生活和心灵的具有永久性的艺术作品。中国人审美意识的源头和美学观念的渊源,并不仅仅在我们的美学著作和教科书中所说的文字记载的典籍和古代的只言片语中,还在大量的丰富的史前艺术文物中,也在彩陶艺术中。

大地湾彩陶　　　　　　　　　　　大地湾三足彩陶钵

　　大地湾文化在长期的交流融合中形成了自己独特的风格。斗转星移，随着时代的变迁，许多精美的彩陶在今天已经失去了实用的功能，成为了历史和民俗的一种见证。对于它的纹样研究与整理不仅可以为当代的中国艺术所借鉴，而且对于民族文化的继承与保护都具有深远的意义。

《大众文艺》
2010 年 15 期

甘肃大地湾遗址距今 6 万年来的考古记录与旱作农业起源

张东菊　陈发虎　吉笃学　王辉　董广辉　赵晖

本文报道了中国北方早期旱作农业起源地之一的甘肃秦安大地湾遗址 Dadiwan06 探方的最新发掘成果，根据黄土—古土壤序列、绝对测年（AMS-14C 和光释光测年）、气候事件年龄和考古分析，为 Dadiwan06 探方的地层沉积建立了 6.5 万年的年代框架。考古材料分析显示，Dadiwan06 探方完整记录了石英打制技术制品、细石器技术制品、大地湾一期文化以及仰韶文化陶器制品等分别代表中国北方原始采集狩猎经济、先进采集狩猎经济、早期栽培经济与成熟农业经济的 4 个不同发展阶段，反映了大地湾遗址距今 6 万年以来由采集狩猎经济逐步向农业经济过渡的持续人类活动历史。

发掘显示，Dadiwan06 探方剖面形成于距今 6.5 万年前，不仅保存了较为完整的黄土—古土壤沉积序列，而且保存了晚更新世中晚期到全新世持续的考古文化记录。在碳 14 测年、OSL 测年和黄土—古土壤序列的基础上，结合了高精度石笋氧同位素气候事件年龄，为大地湾遗址人类活动建立了可靠的年龄框架。在此年龄框架下，对距今 6 万年来文化遗物的研究显示，Dadiwan06 探方提供了中国北方从旧石器文化到新石器文化发展的持续记录，表明这里的人类依次经历了原始采集狩猎、先进采集狩猎、早期农作物栽培和成熟农业 4 个不同的经济发展阶段，建立了中国北方人类由采集狩猎经济到旱作农业经济发展的基本过程。

已有研究显示，中国北方旱作农业源自旧石器时代晚期的采集狩猎适应方式，但是一直以来缺乏具体的论证，本文尝试对这一发展过程进行阐释，但是由于数据有限，研究过程难免有缺陷。因此，探索中国北方旱作农业起源，仍需要更多的工作来完善。研究中国北方旱作农业起源的关键在于发现类似大地湾遗址之类的能够跨越旧石器时代到新石器时代的持续考古记录。事实上，这类遗址并不一定缺乏，只是由于学科划分和发掘工作进度滞后等原因，多为人们所忽略，或者由于此类遗址多数缺乏系统测年而未体现出其重要性。我们相信，随着更多研究者的关注和更多相关工作的开展，中国北方旱作农业起源的过程会越来越清晰。

《科学通报》
2010 年 10 期

从大地湾看生土建筑的生命

陈萍　康锦润

　　以大地湾为代表的黄土高原地区有大量的原始建筑遗迹,而在这片古老的土地上,生土建筑作为当地的建筑之本,其影响自始至终都渗透在每一砖每一瓦中延续千年。

　　大地湾遗址是人类文明的重要见证,早在 2003 年,报纸上就刊登了要建设大地湾博物馆的消息,当时所有的大地湾人都感到了莫大的骄傲。这座博物馆由于地处黄土高原腹地,而且是建筑大师崔凯的作品,于是人们对这座博物馆的建设充满期待。2010 年初,笔者有幸见到了还在建设当中的大地湾博物馆。由于建筑本身利用了当地的建筑材料和建筑符号,远远地看见它的时候,心情就激动起来。在山川起伏的掩映下,初现轮廓的大地湾博物馆显得格外安静。在一层层水平梯田的陪衬下,博物馆就好像刚刚完成的一阶梯田,自然而充满了活力,和当地的民风民俗十分融洽,可以说建筑本身完全融入到了环境当中。

　　历史的车轮是不停向前滚动的,经过多少代炎黄子孙的努力,中国终于进入了富裕文明的社会,大地湾地区的人民也慢慢地富裕起来了。但是,在这里依然保留着原始大地湾的影子,这里的自然村落依然存在。沿着山河地形的起伏,散布在河边、山坳的民居依然注重利用当地资源,建筑主要由土墙或黄土烧制的黏土砖墙和小青瓦屋面组成。民居大多是以青灰色为主的院落建筑,虽然许多新翻修的房子用上了红砖红瓦,但是以夯土墙、毂子墙为主要结构,草泥抹面,椽架灰泥座瓦为顶的房子仍随处可见。

　　黄土高原的建筑具有悠久的历史,而对于当地的人们来说,生土建筑更是当地民居的根系,其生命力是顽强的,其文化意义更是浸透在每一个当地人的血液里,如此宝贵的建筑形式需要我们去不断保护、不断继承、不断发展,从而让它一直在人类发展的历史当中璀璨下去!

《安徽建筑》
2011 年 06 期

大地湾骷髅地画的萨满教含义

曲 枫

通过对甘肃秦安县大地湾遗址出土地画内容的分析以及对萨满教有关理论的引证,试图探讨建立考古学发现的骷髅式美术(X光式美术)与萨满教宇宙观之间关系的可能性。

实际上,大地湾地画与安特生彩陶钵中的骷髅式美术在史前考古发现中并非孤例,类似主题在世界各地的史前艺术中均有发现。本文受到张先生论文的启发,通过对萨满教有关理论的引证,借以探讨建立考古学发现的骷髅式美术(X光式美术)与萨满教宇宙观之间关系的可能性。

萨满是人类世界和神灵世界之间、死者和生者之间、甚至是人与动物之间的中介。萨满教的宇宙是由三部分组成的:上层世界、中层世界和下层世界。上层世界,也就是天上的世界,居住着至高神以及日月星辰等神灵,还有一些神性动物;中层世界即我们人类所居住的世界;下层世界,也就是地下的世界,居住着兽形动物、鬼魂和怪物,通常对人类充满恶意。萨满最超常的能力是在迷幻状态下其灵魂能够离开身体飞翔至上部世界和下部世界,有时也能够在人类自己的世界飞越千山万水。通常,萨满的旅途充满凶险和各种考验,但他们都能顺利地到达目的地以及顺利地找到归途。萨满的灵魂旅行往往还需要一些动物精灵作助手,如鸟、兽等,协助他(她)完成使命。萨满进行灵魂旅行的目的是向天上的神为自己的部族或是某个家庭祈福,或是到下层世界中找回病人丢失的灵魂从而使病人痊愈,也可能是要从神灵那里得到治疗或狩猎的信息,或是将死者的灵魂引导到一个永生的安息地。

从方法论的角度来说,研究史前图像有两点至关重要。一是跨学科研究,二是跨地域文化研究。近年来,在世界范围内,越来越多的学者已然意识到跨学科研究对史前图像认知的重要性。这种跨学科研究不仅意味着考古学与人类学、民族学、社会学、历史学等人文学科的合作,更重要的是与治疗学、心理学、生理学等生命学科及与生态学、生物学等自然科学的合作。如神经心理学的模式就

大地湾地画

是将神经心理学的研究成果引入考古学中,从而揭示出许多史前图像与萨满在仪式中所经历的大脑幻象的相似性。上文提到的实验印证了现代人在一定的迷幻状态中也会经历与萨满灵魂旅行相似的幻象。跨地域文化研究旨在寻找不同地域人类文化所具有的一般性和普遍性的东西。其根据是:只有在掌握人类文化共性的基础上,我们才能对具体的文化进行具体的分析。然而,毋庸置疑的是,仅仅依赖跨学科研究和跨地域文化研究则必然会忽略文化的历史性因素以及文化区域的个别性因素。依赖引进自然科学成果的跨学科研究在考古学中存在着一定的局限性,因为自然科学实验并不能为考古学的具体资料提供最终的权威解释。究其根本,考古学的本质仍然是一门人文学科,而不能与任何自然科学学科等同。同样,跨地域文化研究并不能完全取代对具体文化的研究。

显然,大地湾地画仍然有很多的问题需要解决。比如创作者为什么在房间的地面上作画,房屋与地画有着怎样的关系,地画在多大程度上体现了大地湾人对超自然世界的认知,地画如何反映该地域萨满教信仰的独特性,地画如何反映人的意识结构和智力认知水平,地画创作的社会背景以及社会动因等问题,均需我们在今后的研究工作中给予回答。

《北方文物》
2011 年 03 期

从大地湾遗址出土的彩陶看中国彩陶的发展

汪国富

大地湾彩陶是我国乃至世界上最早的彩陶文化,纹饰多样,图案华丽,发展有序,在甘肃彩陶及中国彩陶序列中占有极其重要的地位。尤其是大地湾一期文化彩陶与两河流域的古代彩陶同为世界上最早出现的彩陶。大地湾遗址出土的彩陶,为我们浅析中国彩陶发展的渊源提供了真凭实据。

我们知道,黄河流域主要的新石器时代文化都是以彩陶为特征的。绚丽精美的彩陶文化,是黄河文明序章中最辉煌的部分,有着源远流长的发展历史。在黄土高原上的甘肃东部渭河上游的秦安县五营乡清水河谷,两岸冲积出肥沃的土壤,宜于人们居住和耕作,成为中国农业文明的发祥地之一。这里纯净细腻的土质,为制作陶器提供了优良的陶土。这不仅使陇原一带较早地产生了陶器,而且成为中国最早产生彩陶的地区。大地湾彩陶并非像西方学者所言从西方传入东方,而是本土所产生的彩陶文化。那么,西方学者这个荒谬论调就站不住脚了。从这个意义上讲,中国乃至世界彩陶的故乡,就在大地湾遗址。可以说秦安是世界上最早产生彩陶的地区之一。

通过以上的分析可以看出,无论大地湾彩陶、甘肃彩陶或其他地方的彩陶,都是源于生活、源于社会实践的。它在古代文化宝库中闪耀着夺目的光彩,它是先民留给我们最宝贵的文化遗产之一,它所反映的艺术成就及其珍贵的文化价值,在远古时期的世界彩陶文化中占有相当重要的地位。由此可见,从大地湾一期文化(前仰韶文化)彩陶,大地湾二、三、四期文化(仰韶早、中、晚期文化)彩陶到马家窑文化彩陶,发展线索一脉相承。这就无可争议地证明,大地湾遗址就是中国彩陶发展的渊源。

《发展》
2012 年 07 期

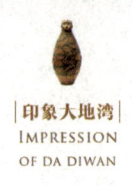

大地湾文化遗址的价值

汪国富　李志钰

大地湾文化遗址位于甘肃东部渭水上游的秦安县五营乡邵店村，总面积275万平方米，是我国一处新石器时代文化的重要遗存。大地湾文化遗址包括三个阶段的遗存，即大地湾文化、仰韶文化和仰韶文化向齐家文化过渡的常山下层遗存。

经碳14年代测定，大地湾遗址距今约8000年至4800年左右，上下跨越3000余年，最早的遗存比著名的西安半坡遗址还要早1000年，是西北地区最早的新石器时代聚落遗址之一。1988年1月，被国务院公布为第三批"全国重点文物保护单位"。大地湾遗址荣获中国20世纪百项重大考古发现之一，是一本尚未被完全打开的历史教科书和地下博物馆，具有很高的历史文化价值。它以不容置疑的事实说明天水一带是中华远古文明的发祥地之一，天水先民们在中华文明形成过程中做出过不朽贡献。

世界上最早的彩陶文化。大地湾一期文化遗存的发现，是中国新石器时代考古工作的重要收获之一，其中彩陶是中国乃至世界上最古老、最原始的彩陶文化。它将中国彩陶文化产生的时间上溯至距今8000年，这和国外目前发现最早含有彩陶的两河流域的耶莫文化和哈苏纳文化的年代大致相当，同是世界上最早出现彩陶的古文化。这充分说明天水就是世界上最早出现彩陶的区域之一。

中国最早的雕塑。在大地湾二期文化遗存中出土了一件距今6000年以前的人头形器口彩陶瓶，细泥红陶，高31.8厘米，孔径4.5厘米。原始艺术家将面庞五官、发式纹理巧置器口部位塑造刻画，耳鼻高耸如生，眼口镂刻传神，生动自然，身段部位形体饱满而具张力。

中国最早的绘画。在大地湾四期文化遗存F411房址的居住面上发现了一幅距今约5000余年的绘画作品。画长1.2米，宽1.1米，绘有人物和动物图案。地画用笔粗犷古朴，寥寥数笔就绘出一幅生动的画面。地画位于室内近后壁的中部居住面上，上方正中的人物身躯宽阔，姿态端庄，似一男子形象。

中国建筑史上的奇迹——人造轻骨料的发明。F901原始水泥地面下层是15~20厘米厚的砂粒、小石子和非天然材料组成的混合层（F405居住面下同样发现了这种混合层）。混合层中的非天然材料有的呈片状，有的呈棒状，青灰色，有一层光滑的釉质面，比石子轻，用力可折断，内多空隙，此类材料显然系人工制成，建筑学上称之为"人造轻骨料"。

中国最早的度量衡器。在F901遗址中出土了一组我国最早的陶制器具，还有几件骨匕形器上的等距刻度，都是最早度量衡的实物佐证，将我国度量衡实物史提前了近4000年。

《发展》

2012年03期

大地湾一、二期文化彩陶制作工艺研究述评

魏春元

　　大地湾一、二期彩陶制作工艺的研究成果,主要通过器物形态学的观察来揭示陶器的制作工艺,就陶器制作的坯体成型、坯体修整、坯体装饰以及烧制等工艺取得了基础性的研究成果。有的成果分析了陶胎成分、颜料成分。这些成果,搞清了大地湾一、二期彩陶制作工艺的一些最为基本的问题,在方法论上也有一定的启迪作用。但从总体上讲,大地湾彩陶制作工艺研究还有进一步深入的必要。

　　关于大地湾一期彩陶的制作工艺,李文杰等在《甘肃秦安大地湾一期制陶工艺研究》一文中,通过观察实物和模拟实验两种方法来揭示大地湾一期的制陶工艺:制陶的原料以黏性较强的红土作原料,陶质以夹砂陶占绝大多数,泥质陶较少;夹砂陶的分层现象是间隔使用夹砂、泥质两种泥料和逐层敷泥的结果;器身用内模敷泥法成型,二者统称为模具敷泥法;整齐的交错绳纹是用绕绳圆棍滚压而成的;器物的内壁呈黑色是窑外渗碳所致。这篇文章的学术贡献主要有以下三个方面:第一,揭示了大地湾一期制作陶器的原料、成型的方法、修整的方法、施加绳纹的方法、安足的方法、烧制的方法等一系列最为基本的工艺流程。第二,研究方法上把考古学观察与模拟实验相结合,把观察结果与模拟实验相互佐证,使得结论更具有科学性。应该说,试验考古学是揭示古代制陶工艺的一条重要途径。第三,从制陶工艺角度提出了应当在渭河流域寻找"一个尚未出现模具,尚未间隔使用两种泥料的阶段"的文化遗存的问题。作者认为,模具敷泥法的来源如何目前尚不清楚。大地湾一期的制陶者不仅使用器身的内模,还使用壶颈部分的外模;不仅熟知泥料和夹砂料的不同性能,还在同一器物上间隔使用两种泥料。

　　这些事实表明,他们已经积累了比较丰富的制陶经验,模具敷泥法并非最原始的制陶方法,在它之前还应当有一个尚未出现模具,尚未间隔使用两种泥料的阶段,即刚产生陶器的阶段。今后应当在渭河流域寻找这个阶段的文化遗

第一章 探究

大地湾陶器

存。我们认为,在这之前是否为刚产生陶器的阶段,值得商榷。如颤皮岩的最早陶器,距大地湾一期约四千多年时间。倘若推断此前大地湾一期之前即为刚产生陶器的阶段,根据是什么?目前来看,陶器的起源还是一个很复杂的问题,中外学者都在考察研究。根据在大地湾探方 Dadiwan06 出土的大量陶片和石制品,"陶片共发现 2183 件,主要集中于上部第 5 层和第 6 层,其中大部分无法鉴定,部分可鉴定陶片分属于大地湾二期和四期文化。"又根据 Dadiwan06 探方的文化层年代区间的划分,第 5 层距今 1.3 万至 0.7 万年,第 6 层距今 0.7 万至 0.5 万年。我们认为,就第 5 层、第 6 层"大部分无法鉴定"的陶片而言,其中很可能有更早期的,因为大地湾一期陶片所展示的制陶工艺比较成熟,在一期陶器出现之前应当有一较长的时段来提高制陶工艺水平。在第 5 层,距今 1.3 万至 0.7 万年的地层内的陶片,时代应当更早些。虽然作者认为在一期之前即为"刚产生陶器的阶段"的说法有进一步思考的余地,但其敏锐地提出了大地湾一期制陶工艺的源头问题。这不仅仅是一个大地湾的制陶工艺源自何方的问题,而且是一个大地湾文化、大地湾人源自何方,大地湾文化最早的源头来自哪里的问题。

《天水行政学院学报》
2012 年 04 期

大地湾遗址是我国文字发展的渊源

汪国富

根据神话传说及文献记载,伏羲氏"始画八卦""造书契以代结绳之政"。笔者认为,大地湾遗址的考古资料与神话传说、文献记载不谋而合,证实地处陇原的大地湾遗址是伏羲氏族活动的中心地带,是中国文字发展的重要渊源。而勤劳、勇敢、智慧的大地湾先民能够在8000年前创制出这类彩绘符号,证明大地湾先民的智商特别高。而这类文字符号正好与八卦中记录占卜的符号是有相互联系的,就是伏羲氏"画八卦""造书契"的一个重要组成部分。这充分说明陇上先民——大地湾人(伏羲氏族)对文字的发明是做了很大贡献的。

我国彩陶研究专家、甘肃彩陶研究会副会长蒋书庆先生前几年在甘肃临夏进行彩陶纪录、整理工作时,发现了一件罕见的绘有七个符号的彩陶壶。此壶底色为土黄色,直径约为30厘米,高约28厘米,壶身两侧有两个耳把,壶肚上画有简单线条,把壶肚平均分为七个菱形块。最具研究价值的是,菱形块内分别写有七个大体相似,但略有不同的符合。据考证,这一彩陶壶的年代约为4500年前,而壶上的七个符号竟都能在甲骨文中找到,并且代表着一个意思。这个字在同一件彩陶上出现了七次,而且是以变化的形态出现,说明它们并不是随意而为,而是当时人类有目的地对生活的纪录。由于出现在4500年前,这些符号比甲骨文早了将近1000年。在这么长的一段时间里,它们一直固定、延续下来,没有发生大的改变,这说明在彩陶符号中,有一部分符号成熟、定型得很早,从而直接演变发展成了后来的中国文字。蒋书庆指出,以往的观点认为,中国文字是由彩陶图案和符号共同发展而来的,但把独立的符号提出来作为甲骨文等早期文字的发展根源还缺乏直接证据。这次发现的彩陶壶上的符号和其他一些文物史料共同说明,部分彩陶符号已经具备了文字的要素,有力地印证了甲骨文起源于彩陶符号的说法。

由此可见,大地湾遗址出土的彩绘符号和刻画符号是在结绳、刻木和图画文字的基础上发展起来的,无疑是我国古文字的鼻祖。从大地湾一期文化的彩绘符号到商代的甲骨文字，这中间经历了三四千年的发展演变，才形成相对体系完备的文字——甲骨文。所以说，"羲里娲乡"大地上闻名于世的大地湾遗址出土的彩绘符号和刻画符号是原始文字产生的萌芽时期的文字，是中国古代文字的渊源，是伏羲"造书契以代结绳之政"的有力证明。

《发展》
2012年08期

对大地湾遗址开发现状的分析及其思考

张睿祥　郭永利

秦安大地湾遗址是我国新石器时代中期的重要文化遗存，持续时间长，文化遗存丰富，内涵深厚，具有重要的研究价值。目前，对大地湾遗址的保护开发工作虽然取得了一定的进展，但也存在诸多问题，今后的工作应当从交通路线、旅游资源整合、微环境检测和综合评价等方面不断加强和改善。在保护开发遗址的过程中，要以遗址本体保护为重心，兼顾协调与当地百姓日常生活和经济发展的关系，将大地湾遗址建成文化与生态为一体的绿色工程。

遗址承载着丰富的历史信息和深厚的文化内涵，是文化遗产的重要组成部分。在已公布的 2351 处全国重点文物保护单位中，符合大遗址标准的有 531 处，约占总数的 1/4。近些年，国家对大遗址的保护和开发投入力度比较大，理论研究和实践经验也都越来越成熟，各地的大遗址保护工作已陆续启动并逐渐步入正轨。"十二五"（2011 年至 2015 年）期间，我国计划将建成 30 处考古遗址公园和 50 处遗址博物馆，这一举措无疑将大遗址的保护开发工作推向一个新高度。

大地湾遗址作为新石器时代重要的文化遗存，其在考古学上的深刻意义早已被史学界公认，从《大地湾遗址保护规划》的制定到被列为"十一五"期间全国 100 处重点保护的大型古文化遗址，再到抢救保护维修项目的立项，无不体现着国家和当地政府对于大地湾遗址保护和开发工作的重视。从目前的状况看，大地湾遗址的保护和开发面临的困难和问题不少，任务还很艰巨，应当紧抓历史机遇，乘势发展，全面推进大地湾遗址的保护开发工作，促进文化遗产资源的科学保护和合理开发。

大地湾遗址的保护与开发是一项复杂而庞大的工程，这项工程不仅是系统的、综合的，也是动态的、长期的。在遗址保护和开发过程中，要以"遗址本体保护好，周边环境整治好，人民生活改善好，经济社会发展好"为目标，了解国际、国内在大遗址保护和开发过程当中的过失和优势，借鉴成功的经验，实现复原原始聚落的自然风貌,科学、全面地再现原始人类生产、生活和生态环境的总体设想。这其中不仅需要国家、地方政府的持续性重视,给予政策、资金方面的支持,更需要广大群众的拥护,力争使大地湾遗址的保护和开发成为真正惠及民生的生态工程和文化工程。

《天水师范学院学报》

2013 年 03 期

渭水文明：大地湾

——陇中民俗剪纸的文化背景之一

张淑萍　艾丽

距今 7800 年的秦安大地湾文化，延续了 3000 年之久，上开中原仰韶文化之先河，下启陇右马家窑、齐家文化之滥觞。大地湾文化的发现和发掘，把伏羲、女娲的故事从虚构推向真实。陶片上的刻画符号，是中国文字的雏形。陶器外口沿的红色宽带纹，奠定了红色在华夏文化意识中的主色和正色地位。陶器上反复出现的鱼纹和变体鱼纹，是生殖图腾，体现母系氏族的文化特征。

大地湾文化遗址的发现、发掘、考证、研究，把伏羲、女娲的事迹从虚构的传说推向真实和可靠，给华夏民族如何从蒙昧走向文明这一鲜为后人所知的进程打开了一道缝隙。意味无穷的刻画符号，陶器外口沿的红色宽带，在陶器上反复出现的各类鱼纹，是华夏始祖精神状态的印痕。久远的历史累积、厚重的文化意味，几千年来浸泡着这一方土地，构筑着一代代陇中人的精神、心理，形成了陇中今天的世风民情。这种独特的文化生态，在历史的淘洗中，原始样态逐渐斑驳，存留下来的，是零散的文化边角和整体的文化精神，存留在当地的各类动态的民俗文化活动中，如祭神、祭祖、婚丧等各类礼仪；也体现在各类静态的民俗文化形式中，如图画、剪纸、皮影、木偶等。

《甘肃高师学报》
2013 年 03 期

大地湾彩陶纹样在天水旅游工艺品包装设计中的应用研究

颉蓉　曹夕蕾

以甘肃天水大地湾彩陶纹样的文化内涵为依据,通过对彩陶纹样的图案样式、不同时期的艺术特点及其象征意义的简要分析,结合当前天水旅游工艺品包装设计的现状和未来发展趋势,试图发掘传统彩陶装饰元素与现代旅游工艺品包装设计相结合的可能性和可行性,为今后的市场化应用提供必要的理论依据,进而得出旅游工艺品包装设计应重视挖掘本土文化和地方特色的理念。

天水市目前有多家从事当地旅游工艺品设计制作和销售的企业,如天水汉唐雕塑文化艺术有限公司、天水莹豪鸳鸯玉开发有限公司、天水飞天雕漆厂和天水黄河雕漆工艺有限公司等。旅游工艺品主要以雕漆、彩陶、木雕、玉雕、皮影、剪纸、泥塑、古琴等具有地方特色又有历史传承意义的产品为主。

但纵观天水市的旅游工艺品市场,会明显感觉产品设计和包装设计的文化含义不突出、地方特色不明显、符号化特征不清晰、包装内容和实质相互脱节、种类不齐全、品牌意识薄弱等问题比较严重,工艺品的千篇一律和粗制滥造,包装的结构不合理和设计形式的单一,导致天水旅游工艺品市场的品牌观念淡薄,缺乏地域文化特色。

在设计中利用大地湾纹样图案的古朴简洁,将其直接复制应用在包装设计上,或将其解构成各个部分,如零件般还原成每一个基本的原始单位,再打散重组成全新的图案构成,配以不同的材质和肌理效果,让新纹样符合现代人的审美需求,诠释在产品的包装上,让人过目难忘。

天水旅游工艺品包装设计中对大地湾彩陶纹样的合理运用、提炼、继承和创新,不仅可以使优秀传统地方文化焕发出新的魅力,继承原始先民们留给我们的灿烂瑰宝,还可以使这笔宝贵的精神财富和文化资源在现代经济市场上发挥更大的文化价值。

《中国包装工业》
2014 年 24 期

大地湾等遗址出土特殊彩绘的构图规则及相关问题

——彩陶新诠之一

顾万发

本文通过对大地湾、原子头等遗址出土的一类特殊彩绘图案的解读，确认了早期彩陶中广泛存在的"斜向轴对称"构图法和"阴阳组合"的构图思想；同时又通过对该构图法和构图思维在中国早期彩陶文化中产生、传播等情况的研究，解决了彩陶科研历史中多年未决的"人面鱼纹含义""马家窑类型舞蹈纹盆内涵""石岭下层鲵鱼图案意义""庙底沟类型繁复图案构图方式"等诸多的特殊难题。

学界非常有名的仰韶文化大地湾和原子头等遗址，出土了丰富的彩陶，其中有一类较为特殊，其所蕴含的某些规律属于彩陶的基本规律，不仅仅适用于某一彩陶文化或其某一阶段，对诸多彩陶文化及其不同阶段的有关问题，甚至是难题的正确识别和解读也非常重要，值得研究和探讨。

总结及相关启示：

1.本文讨论的这类彩绘图案一部分是两个有"叶片纹"飞鸟装饰的造型以"斜向轴对称法"组成一条鱼的鱼身，其与另一"亚"字形鱼身的"围合造型"是其中一鱼的鱼头，综合诸多彩陶图案判断，这一"围合造型"不少是明显蕴含"太阳（鸟）、鱼目、鱼头"含义的。这类鱼或蛙与太阳相组的"阴阳组合规律"是仰韶文化彩陶解读中的基本规律之一。

2.对于有些彩陶尤其是半坡类型、庙底沟类型、马家窑类型中有关鱼的诸多几何化彩陶纹绘的解读而言，绝大多数若单以鱼身与鱼身之间的"旋纹"造型来判断解读彩绘的内容、特征和构图规律的话，就会出现基本规律完全失效的情况。对于这些几何化彩陶，从诸多典型材料如陕西武功游凤采集的"太阳（鸟）目一人·鱼头一鱼身"阴阳合体彩绘等材料看，一方面应重视"鱼身鱼身"之间代表"太阳、鱼头、鱼目"的"围合旋符造型"（其作为鱼之目，构成一组阴阳），另一方面还应高度重视组成鱼的实体构型的阳纹，这样从阳纹和地纹两方面同时解读,才能更贴近当时真实的构图规律和设计思维。学术界绝大多数学者认为只读其一是失误的,少量学者虽然兼顾了阳纹和地纹的图案,但是解读却又是失误的。

3.鱼的图案围绕器物一周,互相围合连续,图案中间一般没有实质意义的断层。鱼头鱼尾相互连续成圆的构图是早期彩绘构图中最为基本的规律之一。虽然其中表示鱼身或鱼的单元有时并不完全一致,像以"西阴纹"融入鱼形的鱼身、"亚"字形鱼身、明显的"斜向轴对称"的鱼身之间就可以互相连续。

4.本文讨论的另一部分是以两个融入式"叶片纹"为构图元素、以"斜向轴对称法"组成一条鱼的鱼身,然后分别与一"亚"字形鱼身围合,再向二方连续围合形成"闭合环路"。还有少量的是分别取以两个融入式"叶片纹"为构图元素,按照"斜向轴对称法"构图的鱼的各一半为单元,然后把两个单元变得横平,再由两个这样的单元围合成一组图案。

5.本文所论的这类特殊彩绘,主体特征在仰韶文化直到马家窑文化中一直存在。在马家窑类型中,半坡类型以来就存在同样符合"斜向轴对称构图法"的鱼身造型,由于其与原来由"叶片纹"作为构图元素组成的"斜向轴对称图像"都符合"斜向轴对称构图法",轮廓构型又类似,所以造型替代自然。另本文所论这类造型的彩绘数量逐渐增多,是确切表明仰韶文化和马家窑文化密切关联的重要证据之一。

6.从"阴阳组合体"及"鱼•蛙•太阳"等素材始终是诸多彩陶文化重要题材的情况看,仰韶文化至马家窑文化以及四坝文化、辛店文化,在彩陶及其反映的信仰等层面上讲,应该是密切相关的文化连续体。

7.诸多彩陶文化中较难释读的一部分彩陶,多可以本文提出的"斜向轴对称"构图规律、"鱼、太阳(鸟)、鱼目"组成的"阴阳组合"或"多重阴阳组合"构图规律得以解决,如本文提及的马家窑文化、宗日文化出土彩陶中著名的所谓"舞蹈纹"难题以及以"斜向轴对称"方法构图的诸多庙底沟类型彩陶图案的完美释读问题,等等。

8.通过本文的讨论,我们可以看到,彩陶问题的研究并不仅在于解决常规的彩陶问题,事实上其对中国文化中的不少重要宏观学术问题的解决也非常有帮助。像从彩陶中有关阴阳问题和太阳问题的研究可以发现:(1)可以确切说明中国古代早期存在着明显的太阳崇拜;(2)考古所见早期文化中的飞鸟,若有信仰意义的话,基本都与太阳或其象征意义有关;(3)中国古人多将祖先与太阳联

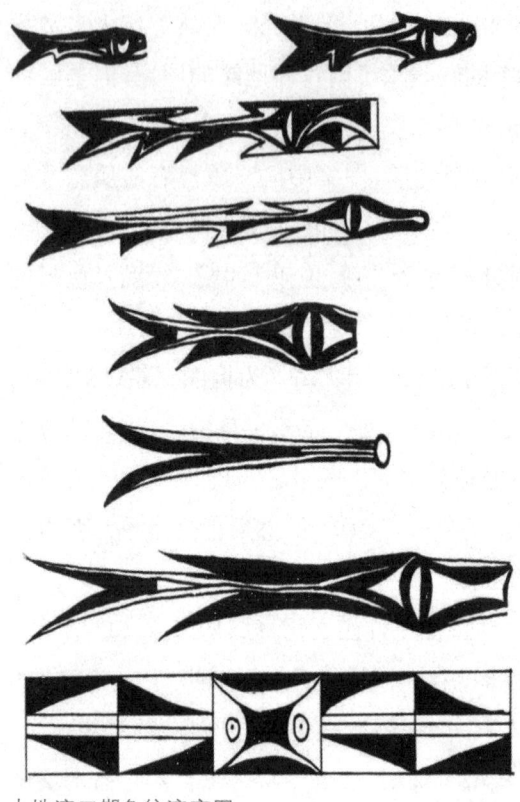

大地湾二期鱼纹演变图

系,如太昊、少昊之"昊"字等均与太阳有关,商王用天干为名,具体目的可能较为复杂,但重要原因之一还应与太阳、"玄鸟生商"信仰有关;(4)皇天之"皇"字是新石器时代有系有穿钺的象形写法。日本学者良博满、林巳奈夫等先生曾详细论证过这一问题,他们都认为钺之穿与太阳、月亮有关,从本文讨论彩陶中"阴阳组合"规律及鱼有太阳目或首的情况看,还是可信的,但是从太阳大气光象与礼仪之钺造型相关性看,只与太阳(有的还应包括22度晕)有关;(5)阴阳理论是中国古代文化的核心内容,虽然至战国时期才系统化,之前相关文字学和文献学证据较为薄弱,但是新石器时代丰富的刻画,尤其是彩陶这一重要的图像学素材在一定程度上阐明了其成型化的基础与过程。

《中原文物》
2015 年 05 期

大地湾一期标本 H3115：10 是《易》用八数源考

——中国远古 363 日太阴岁历发微

周兴生

由前人考定古器记录《易》象出发,认定大地湾一期标本 H3115：10 是历象的前身历算,并基于此认识考察了标本符号的历算含义。四组数字配组与乾坤册验算显示,大地湾一期时代前贤曾能预算两岁以上历法,但他们曾遇到次年寒气盛壮难题。太阴历与回归年日数差的常数验算揭示,这件标本上的"八"是他们赖以配平乾坤册,也是增补太阴历的大数。此数结合太阴历算法揭示,中国最早密算的太阴岁是三百六十三日。

大地湾历算是已知最密的前仰韶时期历算。如上验算揭示了两点:其一,中国最古而精算的太阴历日数不是 354 或 355 日,而是 363 日。其二,《易》乾坤册的起源不是夏或商或周,也不在龙山时代,而是前仰韶时期。据秦安大地湾遗址发掘报告,那时距今 7800 年左右。换言之,中国太阴历的发达是 7800 年前的旧事。这在当时是头等伟业,西方绝无其匹。历法发达对于农业与其他领域的进步有很大的促进,是中华文明之珠。对于《易》学用八起源研究,这个验算显示,用八的起源地是大地湾,其时代是前仰韶时代。《易》学与用八的关系犹如生命体一般,血肉难分,其骨干则是中国的历算文明。

《安康学院学报》
2015 年 06 期

大地湾遗址第五期遗存浅析

任瑞波

通过对甘肃秦安大地湾遗址第五期遗存进行重新梳理,我们认为该期陶器可以分为区别明显的A、B两类,其中A类陶器不但与大地湾四期遗存基本相同,而且与常山下层文化迥异。不仅如此,大地湾五期的房址、灰坑也和常山下层文化中的同类遗存完全不同。因此,将大地湾五期所有遗存都纳入常山下层文化似乎不妥。大地湾第五期A、B两类陶器应分别归入大地湾四期和常山下层文化,而且这两类陶器缺乏共存关系和前后发展演变关系。

《报告》认为大地湾五期属常山下层无疑,但本文通过对第五期遗迹、出土陶器、采集品的重新梳理,发现A类陶器与大地湾四期文化联系紧密,却不见常山下层文化的任何代表性器物,与后者相差甚远。由本文第三部分可知,如果胡谦盈先生辨识出的常山下层文化遗物准确,那么分别出自相关各遗址和墓葬的遗物尽管不完全相同,但是总体面貌一致。若上述认识无误,那么将大地湾五期A、B两类陶器皆归入常山下层文化,认为二者区别明显可能是由于它们分别出自同一文化的墓葬和遗址,这种推测自然就可以排除。通读《报告》不难发现,不论从遗址层位关系,还是从器物类型比较,A、B两类陶器既没有共存关系,也看不出早晚连续发展的迹象。在这种情况下,与大地湾四期文化联系更为紧密的A类陶器自然应该归入大地湾四期,属四期晚期阶段,其绝对年代若以《报告》为准,上限应该不晚于距今4900年。与常山下层文化面貌接近的B类陶器暂时只能纳入常山下层文化的范畴,其绝对年代应该在距今大约4900年至4700年。当然,从绝对年代上看,我们还无法排除在大地湾遗址或者其他遗址存在大地湾四期晚期遗存和常山下层文化早期遗存共存的可能,但这需要新的考古发掘去证实。在张忠培先生提倡的"让材料牵着鼻子走"这一原则下,以现有的考古发掘资料和考古报告,本文认为A、B两类陶器实难同属一个考古学文化。

如果上述认识无较大偏差,那么对已经将大地湾第五期全部遗存包括在内的常山下层文化毫无疑问需要重新认识。其实，不仅是常山下层文化，那些与常山下层文化有关系的大地湾四期遗存、马家窑文化、齐家文化、菜园文化等各考古学文化的界定、基本内涵、来源、发展以及去向等问题也都需要进一步深入研究，学界对于这些问题有的分歧较大，有的认识模糊。试想，如果我们对某一个典型遗址没有分析透彻，对某一支考古文化没有认识清楚，对某一个区域的考古学谱系框架没有构建完善，就匆忙去追求其他所谓更高层次的研究，这究竟有多少实际价值呢？这是一个需要我们严肃面对和冷静思考的问题。提出这一点，或许比本文对大地湾遗址第五期遗存的性质和文化归属进行的浅析更有意义。

《中国国家博物馆馆刊》
2015 年 03 期

大地湾遗址仰韶时代聚落的经济结构与社会分工

彭 博

甘肃秦安大地湾遗址位于清水河南岸的一级阶地上,是我国西北地区一处重要的新石器时代遗址。遗址主要包含老官台文化(大地湾一期类型)、半坡文化、庙底沟文化、西王村文化和常山下层文化的遗存,其中尤以仰韶时代的房址和聚落材料最受瞩目。相关论著涉及建筑的形态演变与功能分类、聚落的空间布局与发展变化。笔者此前已对该遗址进行了重新分期,将其仰韶时代的遗存分为四段,第一段相当于半坡文化早期,第二段相当于半坡文化晚期,第三段相当于庙底沟文化时期,第四段相当于西王村文化时期。本文将在此种分期的基础上探索其聚落形态,一方面对以往研究进行选择性整合,一方面尝试分析该遗址在经济方面的相关问题。

大地湾遗址的生业经济是以农业为主的生产经济,但狩猎经济作为提供肉食资源的一种手段又长期存在。从一段到四段,两种生产方式的分工均逐步深化,前者是一直为各个家庭所拥有,但到了四段,人们开始依据农业生产的不同工序,分类储存和管理农业工具,可见农业经济随着生产力的提高是日渐复杂的,并可能出现了干预农业生产的社会组织;狩猎经济则可能随着需求的下降或其他肉食来源的替代,在第三段时成为每个功能区内部的若干家庭专门从事的行业,可见这种形式的分工是与人际关系和资源共享密切相关的。

手工业的发展与分工更是值得注意的,从制陶工具的发展变化以及相关遗物的集中程度上看,手工业生产处于持续发展的趋势。专门的手工业作坊的出现也说明此类经济在人们的生活和整个聚落的运转中是非常重要的。制陶技术的改进促进了手工业生产的效率,提高了集约化的程度,在此基础上,生产组织的创新使得少数的手工业生产者能够为整个聚落提供产品,这是一个从量变到质变的过程。而第四段的质变无疑与凌驾于聚落之上的管理阶层和更为集中的管理手段有关。

另外,大地湾遗址四段出现的"大房子"比较特殊,其面积之大在整个仰韶

大地湾原始村落遗址

时代晚期的房址中均为鲜见,不仅反映了功能的分化,也是社会控制力的标志,我们不妨称其为"宫殿",它们能够成功建造的前提以及带来的影响,还有待于进一步讨论。

《草原文物》
2015 年 01 期

从地画看大地湾文化的灵魂观念与丧葬习俗

马格侠　韦宝宏

大地湾地画作为我国史前考古的重要内容，历来各家解释众说纷纭。从所公布的大地湾地画的图版和各家解释的分歧上看，大地湾地画是对仰韶时期居住在秦安大地湾清水河流域羌人母子合葬仪式的描绘，是表现羌人灵魂观念的丧舞祭祀。通过这种祭祀舞蹈，羌人希望死者能够尽快重新投胎再生，不为祟于生者。

自从大地湾地画发现后，各家学者对其内容的解释各异，有说地画表现的是对祖先的崇拜，有说地画表现的是原始狩猎图，有说地画表现的是原始的迁葬习俗，更有说地画表现的是史前社会的男性同性之爱；有的认为是当时人们施行巫术仪式的真实记录，是一幅为家里病人驱鬼的画面；有的认为是一幅驱除虫灾的巫术活动，更有人认为是一种萨满教的仪式活动，表达的是萨满教的

大地湾墓葬

宇宙观,可谓是众说纷纭。

本文不揣浅陋,试从大地湾发掘报告中地画图版的内容和当时居住在清水河上游的原始居民以及他们流行的丧葬习俗重新解释大地湾地画的内容,以就此问题求证于方家。

综上所述,大地湾地画,不是表现先民们的祖先崇拜,更不是表现史前同性之间的性爱关系,而是表现居住在清水河流域的羌人灵魂观念的丧舞,通过丧舞祭祀,他们希望死者能够尽快重新投胎再生,不为祟于活人。

《天水师范学院学报》
2016 年 03 期

日本绳纹陶器与中国大地湾、仰韶陶器的比较研究

蒋聚波

中日两国隔海相望,文化一衣带水,从汉唐经宋元至明清,中国陶瓷艺术对日本陶瓷有着直接或间接的影响。文章对两国早期陶器在造型和装饰两方面展开比较与分析,探索在人类文明初期,在尚无外来文化影响时,在自生、自发的"原生态"情景下,两国陶器所呈现的样式和异同。

陶器是人类从以渔猎和采集为主的游牧生活方式发展到以农耕为主的定居生活方式的产物。绳纹陶器是日本最具有代表性的原始文化遗存,是日本在受到外来文化影响之前的本土文化形态的典型代表,产生于公元前8000年左右的绳纹时代,因陶器表面有绳纹图样而得名,其跨度至少有六七千年,一直延续到公元前3000年前后,才被弥生陶器所替代。绳纹陶器时间跨度长,地域分布广,按其共同点和不同点归类,可分为早、前、中、后、晚五个时期。中国地域广博,新石器时代文化遗存丰富灿烂,通过碳14的测定,甘肃秦安大地湾一期出土的陶器距今8170年至7350年,与日本绳纹陶器的发端年代大致相近。仰韶文化年代为公元前5500年至3000年,主要包括半坡类型和庙底沟类型,其年代也与绳纹时代并行。

任何一种工艺美术形式的发展都不是孤立的,它与诸多自然和社会因素相关联,也必定经历由初级到高级或是由原始到成熟的发生与发展过程。从两国文明早期的陶器发展历史中不难看出这种变化,有资料显示,两国早期的陶器在成型上都是采用手塑与泥条盘筑,中期陶器制法出现慢轮修整,晚期则基本是快轮制作而成。早期陶器除中国河姆渡文化部分陶器在火候低和缺氧还原焰气氛下烧成外,其他地区陶器都采用不入窑烧制,陶坯经过自然干燥后再置于木柴上,在氧化焰气氛下露天烧制而成。

中国大地湾、仰韶文化的陶器在装饰上丰富多彩,在新石器时代早期,最先出现的是先民利用骨、竹、木、石等坚硬且尖细的工具,在陶器坯胎尚未完全晾干时,通过戳印、刻画、拍印和堆贴等手段对器表进行装饰,绳纹、锥刺纹、指甲纹和篦纹最为常见，且一直延续到新石器时代的中期与晚期。如大地湾一期中的红陶三足筒形罐，口外饰一周两行锯齿纹带条，腹部拍印网状绳纹；仰韶文化的一件小口细颈椎刺纹壶，通体锥刺出排列有序而规整的三角形、菱形、长方形和麦粒形等相组合的装饰图案，使壶具有一种质朴的美感。

《浙江树人大学学报（人文社会科学）》
2016 年 03 期

三十年来大地湾遗址及相关问题研究综述

晏波　李慧慧

　　大地湾遗址是我国西北地区最重要的新石器时代遗址之一,因其文化遗存历时长,文化类型丰富,备受考古及各学科研究者的重视。全面收集现有论著可以看出,30余年来,学界主要集中在大地湾遗址考古发掘、聚落遗址、彩陶玉骨器、地画、史前农业、史前环境、大地湾遗址文化关系、遗址保护及文化价值等主要方面研究。当前学界对大地湾遗址文化分期、与其他文化之间的关系、聚落演变、环境变迁等诸问题已达成共识。

　　1.考古发掘报告报道目前主要还是集中在1995年以前的发掘,后续的发掘工作零星开展,相应发掘报告还未整理出版,这制约着今后其他学科的研究工作。

　　2.就聚落遗址研究而言,和其他地区史前聚落比较,研究仍然较少,从聚落的环境考古学方面入手可能是一种新途径。大地湾玉器和骨器的研究成果相对较少,陶器研究的视野也受局限,如果将玉器和陶器纳入到中西文化交流的视野中,或许会有不少新发现。

　　3.大地湾的地画是学者们饶有兴趣的研究内容,观点分歧最多。呈现此种局面,一方面受地画反映信息的限制,另一方面是学者受专业、视野局限导致的。因此,充分综合对比遗址出土所有信息,加强学科间合理的逻辑解释,估计会得出令人满意的研究结论。

　　4.关于文明起源的问题。文明起源既是需要探讨的一个理论问题,也是考古学的一个实践问题。西方的酋邦、社会复杂化、早期国家理论及满天星斗多中心、考古区系类型、文化交互作用圈等中华文明起源理论正在被学界采用和验证。现在学界认为文明起源的标志需要商榷,中华文明5000年也因此受到质疑。毫无疑问,中华文明起源是多元一体的,问题是这些多元是何时何地以何种方式成为一体,这是学术界待加强探讨的。大地湾遗址所揭示的文化遗存在中华文明起源中占据何种地位,起何种作用,仍需诸多努力。我们不能因为地域偏见自创标准,应加强多学科的交流,从更广阔的视野来看待这一问题。

5.关于大地湾第五期为常山下层文化及大地湾一期彩陶来源、工艺问题,学界还存在不同的看法,尤其有学者提出大地湾类型玉器问题还需要更多的论证。

以上仅是笔者一孔之见,缺乏必要的论证,希望今后能提出更合理的建议。

《天水师范学院学报》

2016 年 05 期

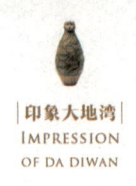

试论大地湾遗址二期房屋的分类

于 璞

大地湾遗址位于甘肃省秦安县清水河南岸的阶地和缓坡上，是渭水流域重要的新石器时代遗址。该遗址的文化遗存共分五期，第一期为老官台文化，第二期至第五期为仰韶文化早、中、晚期和常山下层文化，共发现 240 座房屋。房屋是史前聚落最重要的基本构成要素，对房屋进行分类是进一步探讨聚落形态的前提。严文明先生曾对包括大地湾遗址房屋在内的仰韶文化房屋进行了整体性、系统性的分析。此后，相关研究文章对大地湾房屋建筑进行了分析，对其建造技术进行了研究，并讨论了聚落形态和与房屋建筑有关的经济形态等多方面的问题。《秦安大地湾——新石器时代遗址发掘报告》（以下简称《大地湾》）对遗址中发现的房屋进行了较为详细的叙述和分析。这里我们在以往学者研究的基础之上，对大地湾二期房屋分类进行讨论。

大地湾二期属于仰韶文化早期遗存，发现有 156 座房屋。《大地湾》主要依据房屋面积大小对大地湾遗址二期的房屋进行了分类，认为面积超过 56 平方米的为大型房屋，面积在 25~56 平方米之间的为中型房屋，面积小于 25 平方米的为小型房屋。大地湾遗址二期聚落和姜寨一期及北首岭聚落是渭水流域发掘较为完整的三处仰韶文化早期聚落遗址。姜寨一期聚落遗址内的房屋布局和房屋的分类具有代表性，展现了当时中型房屋与小型房屋之间的关系和数量之比。姜寨一期聚落中保存较好的中型房屋与小型房屋之比约为 1:10。此外，严文明先生经过研究，认为仰韶前期聚落遗址中普遍的由一座中型房屋和几座小型房屋结成一群，或仅由几座小型房屋结成一群。然而，据前文所述，可知《大地湾》中的中、小型房屋数量之比上与姜寨一期有矛盾，也与仰韶前期聚落的组成方式有较大差异。

《大地湾》根据房屋的面积对房屋进行分类易于操作，标准明确，但这种分类方法仅仅根据房屋面积的大小，以至于在确定各类房屋分类的面积临界点上却缺乏依据。《大地湾》二期里中型房屋太多、小型房屋太少的问题可能和确定

大地湾二期房址模拟图

中型房屋的标准有一定的关系。房屋之间的大小的差别，表面看起来只是面积大小的不同，实际上是用途的不同。《大地湾》中以面积为标准确认房屋的种类，忽视了在确定中、小型房屋的面积临界点时的区域性特征差异，也忽视了房屋内的布置等因素。

《草原文物》

2016 年 01 期

印象大地湾
IMPRESSION OF DA DIWAN

贰

第二章 品读

PIN DU

一、流淌的文字

雨中的咏叹：大地湾遗址

阳飏

一滴雨水后面的大地湾
是七千多年的黑暗
这么久远的黑暗
需要多少光天化日之下的挖掘呢
黑暗是寒冷的
而一头猝然闯入我视线的野猪
用一对獠牙挑旺了那个黎明的篝火
一群腰缠兽皮的女人
想把自己摇晃出水来
一个人首彩陶罐，又一个人首彩陶罐
就这么摇晃着——
世界最初的美，就是水
水啊，没有骨骼的美
我止步于一滴雨水面前
听见一尾干涸的鱼的鳃动

这是一个鱼纹彩陶盆
用兽血涂抹的鱼瞪着大眼在看我
那表情像是失踪多年的亲戚
或者狭路相逢的仇人——
一个人和一尾鱼的相认
另一滴雨水还在路上

雨停了。又下了起来

那枚用兽骨磨成的针
能把这么多的雨滴串起来吗
山坡上油菜花正黄
过于鲜嫩的黄叫人更加怀旧
我恍然看见
一个戴着玉坠及骨质大耳环的女人
她的爱情随着雨季的到来迅速成熟
好似某位等待祭祀的神
在她身体内居住下来
她用水一遍一遍洗干净身体
神享用的，人要加倍虔敬

透视一滴雨水的澄澈
清水河畔
一个背水的女子把尖底水罐立在河滩上
她看见水中的自己
抬头看看天，莫名其妙正蓝得伤心
一行大雁像是天空的眼泪
让人感受到生命的庄严
她要把自己描摹在大地上
——我指的是那幅大地湾原始地画
或者躲藏在一粒黍麦中
乃至我们今天还能闻到
被称作麦香的她身体的味道

在闪电和雷鸣间卜卦、祝祷的人
有时混淆于黍麦之中
或者混淆于飞禽走兽之中
生殖与繁衍
被死亡袭击的孩子蜷睡在瓮里继续做梦
玉米的梦是黄的，高粱的梦是红的

第二章 品 读

揉着惺忪的睡眼
刚刚从半地穴式窝棚走出来的大地湾人
以大地与河流的倾斜为基准
加上人和神的高度
建起了一座八柱九间的史前宫殿

——如果想要赞颂
那就先用一只大角山羊的头颅作为祭供吧

雨停了。这雨好似大地湾的历史
七千年、六千年、五千年——然后一下子就消失了
随后我们看到的是在这片土地上——
伏羲演绎八卦，女娲炼石补天
以及秦天下唐天下的先祖们急驰过家乡的马蹄

大地湾一下子就消失了
似乎搬到另外一个星球上去了
没有人能够破译出夜空中星群注释的秘密
能够说出大秘密的人用他那占卜的手
永远地捂住了自己的嘴

绿的麦苗，黄的油菜花
还有我们这群冒雨赶来的寻旧者

大地湾的"湾"（节选）

牛庆国

有人说："要看中国历史，一千年的去北京，三千年的去西安，八千年的去大地湾。"

大地湾离我并不遥远，从兰州出发就三四个小时的车程，比去敦煌还近，但8000年对我们实在是太遥远了！比一颗星辰还远，或者说它就是从8000年前一直照耀到今天的一颗星辰。那黄土高原上最早的一粒黍，还在我们的手上闪着粮食的光芒；那"大房子"中的火塘里，依然有时间的火苗在温暖着我们的想象；那人类最早的水泥地板上，还在"舞蹈"着的人们，他们手中的"火把"至今还没熄灭……

那年秋天，我独自一人来到位于甘肃省秦安县的大地湾遗址。那天，大地湾高远的天空，起伏的山冈，原始的村落，还有一个驱赶着羊群、用原生态的嗓子歌唱着的年轻后生，让我的内心忽然有了一种苍茫感。那后生唱的是当时的流行歌曲《黄土高坡》：

我家住在黄土高坡，
大风从坡上刮过，
不管是八百年，
还是一万年，
都是我的歌，我的歌。
我家住在黄土高坡，
日头从坡上走过，
照着我的窑洞，
晒着我的胳膊，
还有我的牛，
跟着我。
不管过去了多少岁月，

第二章 品 读

祖祖辈辈留下我，

留下我一望无际唱着歌，

还有身边这条黄河。

那时，坡下的玉米地里，秋风吹拂着轻轻地和声。鹰的两只翅膀，在高处为那个后生打着节拍。有时一个高音，就在头顶的白云里缠来绕去，像一个人手中挥动着白羊肚手巾；而一个低音，却像这坡上的小草，轻轻地起伏，有时更像一个人激动地颤抖。被羊咽在胃里的音节，和那些就要发黄的小草，往往一起涌上羊的喉咙，羊也就忍不住"咩"地唱上一声。

在那个后生的歌声里，迎着远古的气息，我走进了这个离现代最远的原始村落。

秦安县凤山

我首先走进的是一间小房子，准确地说是钻进去的，因为说它是房子实在有些勉强。这实际上是在地穴上面用木柱支起的一个草棚，低矮狭小，我用步子丈量了一下，只有几平米。屋内没有用火的地方，门也设计得很小，里面潮湿闷热，和我们现在乡下的狗窝差不多，恕我对祖宗的家这样不敬，但真的和狗窝差不多，而且还必须是乡下的，现在城里的狗都住的是楼房，和城里人的待遇完全一样了。当然也可以换个说法，像七八十年代乡下的瓜棚，秦安一带的人把它叫"庵房"，那是用来看瓜的，怕经过瓜地边的人"顺手牵羊"，那时有些玉米地边上也有这样的棚子，但这些棚子的用处都在夏天和秋天，冬天就是放羊娃们用顺手捡来的柴火烤手取暖的地方。记得有一年，一个外地来的要饭的人大冬天的就冻死在我老家的一个草棚里了，村里人草草埋了他之后，就一把火把那个棚子给烧了。那么，在远古时代，我们的先民是如何躲过漫长而寒冷的冬天的呢？那时候，全球气候还没有变暖，没有暖冬这么一说，想他们中一定有不少人会冻死在大地湾的冬天。你看我忍不住又替古人担忧了。

光和影的剪辑：大地湾遗址

古 马

1

嗨，目光忧郁的野兽
不要觊觎人类睡梦中的谷物

在黑夜的树枝上
一只鸱枭
一个移动世界平衡的砝码
它无法移动守卫在梦的入口处的
那一堆熊熊的大火

2

飞鸟的手
寒风的针尖上积攒着火

云彩斑斓能缝
兽皮美丽当衣

……哦，如此古老旷远的黄昏
假如
连思维也已丧失
还有落日如妻陪伴着我

3

一只盛满水的尖底陶瓶
一个承受着阳光击打的怀孕的女人

幸福碎裂的陶片
使她蹲在地上也无法收拾自己

但是,那并不流失的水瞪大眼睛看着我
——水保持了陶瓶本来的形状和一个婴儿天真的神态

4

那些不停呻唤着的蛐蛐
像是被时间之犁犁掉的先民的手指
把泥土一次次攥出血来

高粱红了
我的高粱在夜的火塘里红着的时候
眉毛挂霜的灵魂们,请伸出无手之手烤烤1999年秋天的火吧

5

耳朵随大雁高飞远走的大地湾
你的指甲缝里八千年以前的黍
听见我的嘴唇发出泥土对种子的请求了吗

6

结绳记事:石斧遇见青柴闪电插入小路
让我用一场大雨

爱你浑身美丽的血珠
走在路上的花椒树
让我还用同样的一场大雨
描述你流动着青春色彩的曲线

7

大地湾
渭河的胳臂一弯
揽一对儿女入怀
——玉米长高了
日光变黑了

一只落寞的乌鸦
你有黑夜疼爱
但黑夜的爱太深
你飞回历史的路太漫长

落日是飞累的你吐出的一口鲜血
溅在今天的鞋上

8

大地湾之夜
长发披肩的幽灵
怀抱着自己的白骨往火里添柴

火苗静静注视
那亲近温暖的幽灵
如何阻止冰雪的膝盖融化
滴水

水啊水
青草喉咙里
快要喊出的花

9

大地湾的风
我的身体里除了积雪
就是骨头

我的咯吧乱响的骨头
我的歪斜了但没有坍塌的茅草屋
大红的月亮是我外逃的心

虽然言辞犀利
大地湾的风
你却没有理由说服我不怀疑一切
我甚至已经构成了对自身的严重威胁

10

大地湾遗址。站在
能照出人影的七八千年前的水泥地面上
我恍惚觉得一个带着野猪獠牙项链的男子
从地下缓缓起身——回到我,又穿过我身体
向着发情的雄狮注视着泉水中茫然之脸久久不肯离开的密林
走去……

我想招他回来而未能如愿举起的手
几乎是被忘了的一对石斧

此刻
正砍伐着我担心的心

11

星宿遍野的时代
正是展示个性的时代

我们卑微
我们诚惶诚恐退至大地湾的低洼处
倾听星宿们舌生莲花的神秘预言
或者是我们的灭顶之灾

——对于一颗不能焚烧黑暗就自焚的星宿
我们束手无策
而对于所有星宿的集体自杀
我们同样只能瞪大惊恐而绝望的眼睛
我们不会照顾死亡
却只关心着我们卑微的生命如何能够延续

大地湾风光

大地湾的阳光 想起了伏羲和女娲(节选)

王若冰

当我们来到自南向北奔涌而来旋即又变得舒缓而平坦的大地湾坡地上时，这项被称为"20世纪70年代中国十大考古收获"之一的大地湾考古发掘工作，时断时续，已持续了15个年头。

北望的山梁上，依然是丽日高照下走向成熟的庄稼地，山坡下是富庶的谷地和村落，更远处是7000多年前曾经让大地湾人品尝过鲜美鱼虾的清水河，虽然枯瘦欲干，却依然以她平滑透迤的身躯环拱着大地湾山坡上这片古老的沃土。

那也是一个秋天，一位农民耕地时，闪亮的犁铧深入到这片坡地上某一个角落的泥土深处，竟犁出了一只五彩斑斓的彩陶！这只饰满鱼纹、水波和简单记事符号的陶罐，犹如一轮倏然从沉积千年的黄土下跳跃而出的太阳，一下子使黄河中上游的中华远古文明再度云破天开，呈现出令世人震惊的炫目光彩。

一万多件陶器和石器在清水河对岸的阳坡上整整沉睡了七八千年！这对于至今依然在往前延伸的中华远古文明史，又意味着什么呢？

当年，在陕西半坡和山东大汶口遗址发现之际，人们曾震惊于有着5000年历史的文明古国终于被确认而欢呼雀跃，而大地湾遗址的重见天日，竟一夜之间把黄河流域的远古文明推到了距今7800年以前的纵深处！这么说来，难道大地湾就仅属于天水，属于中国，而不属于全世界、全人类吗？

在距今7800年以前的大地湾时代，我们的先祖就在秦安县五营乡这一片阳光可以朗照的坡地上，建起了中国历史上第一座宫殿式建筑，种起了黍(糜子)和油菜。同时，至今仍然是中国乃至世界上最古老的彩陶在大地湾诞生之际，已经将炊饮、储盛、供奠器皿细化分工，而且被郭沫若认为是中国象形文字起源的彩陶刻画符号，在大地湾那五彩缤纷的陶器上不仅表现得令人眼花缭乱，而且比半坡和大汶口整整早了1000多年！还有那座编号为F411的房屋遗址内，距今5000年以前，大地湾人以炭作颜料，创作的我国最早的地画，标示出

印象大地湾
IMPRESSION
OF DA DIWAN

羲里娲乡牌匾

中国最初的绘画源头……这一切都不得不使我再度感叹：自位于黄河下游的山东逆河而上，在一路纵览曾经盛极一时的六朝古都、汉唐宫阙之后，华夏民族最初、最古老的家园，就在甘肃省秦安县五营乡大地湾总面积达 110 万平方米的高坡上！从距今 7800 年至距今 4800 年，大地湾人在这片并不辽阔的坡地上，连续不断，整整生活了 3000 年，而比它晚了 1000 多年的大汶口文化才仅仅存在了 3200 年！

3000 年间，大地湾上空的太阳起了又落，落了又起，人们于洪荒初启、并不清明的天空大地之间摸索、发现、学习，并开始熟练地狩猎、捕鱼，在当时肯定十分湿润、十分肥沃的坡地上种下第一株糜子和油菜。

当漫长而恐怖的黑夜降临之际，被猛兽驱赶着的人们惊悚地穿过密林，趟过湍急的河水，朝如今已建起一座大地湾博物馆的高坡上聚拢过来。那种情景，该是多么壮观、粗粝和让人心惊肉跳啊！

秦安大地湾

雪 潇

我们生活在一个大地的湾子里面
就像一个孩子,酣睡在母亲温暖的胳膊弯
阳光照耀着大地湾的五十万枚红色陶片
月光下大地湾出现一只巨大的土色陶罐
春风里大地湾到处是八千年前的青春记忆
秋雨里大地湾历史一样泥泞并且泪痕斑斑
1988年,我是大地湾恍然大悟的一句诗
我头戴草帽,我土生土长,我的思想残缺不全
2004年,你是大地湾梦醒时分的一尺红绢
你柔弱,你美丽,你像人头形陶罐一样昨日重现

雪落天水

王正茂

雪落在大地湾的山坳里
八千年前就这样落下
雪落在伏羲庙的屋脊上
伏羲女娲的肩头一片白
雪落在河堤、树梢、街巷、窗台
融化在每个人的心里
雪的世界，雪在舞蹈
飘落　飞升
向右或向左
灵动而俏皮
轻盈又端庄

二、行者的思考

先民拓荒大地湾（节选）

薛林荣

大地湾遗址有中国最早的彩陶。这里发现了35座用于制陶的窑址，其中距今约8000年的大地湾一期文化遗存出土了三足钵等200多件彩陶，是中国迄今发现时间最早的一批彩陶。二期出土的人头形器口彩陶瓶，通高31.8厘米，融造型、雕塑、彩绘艺术于一体，瓶口是一个罕见的人头形状的雕塑，其形状象征一母腹，被认为是中国史前雕塑艺术的代表性作品之一。八千年前的大地湾先民就已经采用了一种"内模敷泥法"，这也是中国最早的制陶方法之一。显而易见，这里是中国彩陶的母体，8000年前即孕育了器型已具审美性质的三足钵、圆底钵和三足深腹罐等紫红色彩陶。今日的大地湾，漫山遍野的陶片和灰坑繁密如暗夜之星辰，大地湾先祖粗陋而辉煌的手泽留下了史前最初的灵气和韵致。

大地湾有中国文字最早的雏形。文字的产生是人类文化发展史上重要的里程碑，人类社会正是"由于文字的发展及其应用于文献而过渡到文明时代"（恩格斯语）。关于汉字的起源，中国古代有"伏羲画卦造书契"和"仓颉作书"的传说，前者代表汉字产生的刻画阶段，后者代表象形阶段。汉字的源头在哪里？历史学家、考古学家进行了长期的探索。

大地湾遗址出土的彩陶钵上发现的早期彩绘和刻划符号，无疑为研究古文字的产生与发展提供了宝贵资料。那一组神秘的彩绘符号，至今是前仰韶文化的一种特殊的文化密码，它虽然未能得到准确破解，但一定是中国文字象形的前身，或者如郭沫若所言，是一种"中国原始文字的孑遗"，有着和西安半坡陶器刻划符号相同的结绳记事般的郑重其事。大地湾有中国最早的宫殿式建筑。距今5000余年的大地湾四期文化F901建筑，是目前所见我国史前时期面积最大、工艺水平最高的房屋建筑。这座多间复合式建筑，布局规整，中轴对称，前后呼应，主次分明，是一个结构繁杂严谨的大型建筑群体。其平地起建、木构为架的建筑特点摆脱了半地穴的窠臼，开创了后世宫殿建筑的先河。那是清水河

谷大地湾人的"人民大会堂",是人类告别穴居时代入主地上宫殿的不朽确证。5000多年前的先民在以石器为主要生产工具的情况下,还能建造出如此辉煌壮观的宫殿式建筑,着实令人惊叹。

  大地湾有中国最早的绘画。1982年在大地湾遗址一座仰韶文化晚期大房子中发现一幅地画,就是中国新石器时代中期氏族先民原始舞蹈的艺术表现。这座编号为F411的大房子,居住面是用白石灰抹成的,在室内靠后壁中部居住面上,用黑彩绘着一幅面积达一平方米的原始舞蹈图。画面上方是两个舞蹈者,右手抚头,左手按住腰间的武器,双脚分叉在跳舞。他们面前是两具摆放在墓坑里的尸骨,似乎表示他们跳的是祈祷亡灵的祭祀舞。这幅地画的人物轮廓由线条醒目地勾勒出来,头发、躯干、四肢以平涂手法表现,人体比例匀称,身后又加有尾饰,画风粗犷原始,又有天马行空般的童稚和欲说还休的神秘感。这是中国目前发现年代最早的一幅舞蹈图,碳14测定年代约公元前3000年左右。尽管它的画面还比较神秘,但却是中国有关原始舞蹈最早的实物资料。新石器时代中期神秘的原始乐舞,可以由此窥见一斑。此外,大地湾还有中国最早的混凝土地面。面积达130平方米的F901宫殿式建筑主室,全部为混凝而成类似现代水泥的地面,与古罗马人用火山灰制成的水泥同属世界上最古老的混凝土。

  令我更加感兴趣的是,大地湾河谷一带的人们,世世代代会做一种陶制乐器,吹奏时会发出"呜哇"的声响,所以当地人把它叫作"哇呜"或"呜哇",也叫"埋管儿",规范的叫法是"埙"。这一定是远古先民智慧的结晶。上古人文环境中的乐器和乐曲必是古朴简陋的,并与日常的佃渔活动和祭神敬神的祭祀活动大有关系,有鲜明的"娱神"色彩,但形式的粗陋掩盖不了岁月深处远古文明的星光,薪火相传的原始乐声对后世的视听文化构成了深刻的启示。秦安农村至今有烧埙和吹埙的传统,用黏性较好的红土捏好后在砖瓦窑中烧制而成,是一种空心、三孔或五孔的乐器,能吹出简单的变调音。埙声是恐龙级的具有文物气息的乐声,无疑也是今日所能听到的最古老最原始的乐声了。

  在所有的乐器中,只有埙是用土制作的,它形如半截葫芦,有底,吹奏时气流可以回旋鼓荡,最后从壁上音孔中泄出,声音极其浑厚、凄怆。埙的那种因陋就简、役万物于小小窍体的制作途径和发声原理,与大风在地表运行的自然景观何其相似!尤其意味深长的是,埙最初是以半截葫芦为制作样本的,据闻一多先生严谨详密地考证,伏羲、女娲即为葫芦。一方面,从词源关系上分析,伏羲、女娲皆为匏瓠;另一方面,瓜类多子,是子孙繁殖的最妙的象征。今日清水河、葫芦河沿岸的农民种西瓜时总要种几株大葫芦,待其成熟后掏去内瓢保存种子,年年代代繁衍,多么具有象征意味!

大地之湾

艾 青

一

傍晚的阳光温柔地洒在平原,河水缓缓地流淌成一条金色的缎带,柔柔地绕在嫩绿色的草滩边。草滩边孩子们围在一起玩闹,他们的嬉笑让这一片宁静的大地变得灵动起来。有娇坐在自家门口用骨针认真地缝制着一张兽皮。孩子们欢笑着相互簇拥在扬起的金黄色尘土中,他们倒在了母亲的身边嬉闹。看着孩子们欢笑着跑来,有娇忍不住抹去了他们脸上的灰尘,被抹去灰尘的孩子傻笑着伸手抱住了母亲的手臂。

正在这时,一个男人匆匆跑来,远远地就叫喊了起来。有娇听到后愣了一下,立刻放下手中的兽皮,向男人所指的地方跑去,孩子们看见母亲紧张的神色也跟着跑了过去。壮年男人将青年男子抱在怀里,步伐沉重地走进了匆匆围向他的人群之中。青年男子已经没有了生气,他在男人的怀中轻薄得如同深秋落下的枯叶。围在一起的人缓缓让开了一个缺口,有娇走进人群中,她示意男人将青年放在地上,她看着青年已经没有了生机的脸,神色凝重地将青年的眼睛轻轻合上。孩子们看见青年的样子以为他睡着了,凑过去想叫醒他,却被身边的人拉住。这已经不是第一个这么睡去的人了,有娇翻过男子彻底黑了的手臂,看着他发青的面庞一言不发。

夜色渐渐弥漫进了寂静的聚落,四周都静静的,仿佛整个聚落都为了这个年轻生命的逝去而染上了悲哀。突然有人呼喊大家在聚落中心聚集,人们举着火把从自家的房里走出来,走向聚落中心的集会点。空地上架起了火堆,来的人自觉地将手中的火把投入那高高的篝火中,青年的尸体被摆放在篝火前的一个石台上。

人们在一种哀伤的氛围中静静地相互依偎,在这样一片持续了很久的寂静中,突然响起了清脆的鼓声,鼓声像一把利器戳进了每一个人的心间,有人忍不住流出了眼泪。一个中年女人突然放声大哭了起来,她也不明白自己为什么会那么痛苦,但青年男子小时候灿烂的笑容又浮现在了她的心间。有娇走到了青年的尸体旁,她用清水清洗了他的面颊,然后用一种特殊的颜料在青年的眉间留下了一个印记,她退到了一边,抬了抬手示意。这时,一男一女围着死去的青年跟着鼓点跳起了舞蹈,几个女人和一个男人仿佛唱歌一般念着略显神秘的祭词。在阵阵低泣伴随着的神秘歌谣中,有娇将青年的双手交叉置于胸前,之后她伸手向天强烈地呼唤着什么,一阵大风起,掩盖了那些悠远的哭泣声。

二

有风从耳边吹过,将那些神秘的声音从我的脑海中抽离,惶惶然我从将近8000年前的故事中走了出来。

阳光将天空淘澄得更加清明,湛蓝湛蓝的,沧海桑田终究是地上的事情,文化就像是这一片大地的筋骨血脉,深深地孕育着愈加蓬勃的生命。

有人说:1000年历史看北京,3000年历史看西安,8000年历史看天水。在天水秦安这一片土地上曾经传承着中华远古文化的星火灿烂,大地湾遗址的发现将中华文明的起源向前推了3000年。

那个时候的大地湾,水草丰茂,在这个两沟夹一河的稳定结构里,人们在此处繁衍生息安稳生活,经历着生与死的考验,也发展着永恒的文化。大地湾的先民从早期的渔猎采集形式发展到后来的粟作农业经历了四个经济发展阶段,而这四个发展阶段就将人类在大地湾的生活推向了6万年前。我无法想象6万年的发展是怎样在这片寂静的大地上延续的,生命就是这样一个神奇的东西。一个生命承载的不仅仅是赋予他的情感与时光、成长与消散,而是一种至关重要的力量。这种力量可以改变现有的生活,可以发展意想不到的未来,可以灿烂他的生命,也可以延续永恒的辉煌。人类就是用这种简单的方式开拓着他们的智慧,发展着他们的文化,延续着生命的力量,点燃了中华文明的火花。

人类的感情随着生命的诞生与陨落而产生出了丰富的悲喜。于是他们试图记录,试图将自己特殊的感情保存下来。欢愉、悲痛、孤独、不安、兴奋,但那时的他们还没办法去思考更多细腻的感情,或许只能将这一件件留于心底的事情记录下来。绘画、文字就这样随着世人观察天地的角度出现,随着先民逐渐开化,他们将那些时刻陪伴自己的生活用具绘上能表达自己感情的花纹。

那些带着历史尘埃的彩陶坚持了千年!那些色彩与花纹保留了下来。网纹、鱼纹是最常见的彩陶花纹,透过这些花纹我们仿佛能看见先民最为普遍的一种采集方式。他们创新的艺术形式将一个个单纯色彩的彩陶罐子变成了带有生活

创作的艺术品。这些艺术品中不仅包含着对生活的热爱,还包含着沟通的渴望。我们从遗留下的陶片中发现了多种符号,这种符号就是上古时期的文字,然而现在的我们已经无法破解其中的真正意义。

我想无法破解也好,那时的他们拥有着自己的文明,拥有着自己与世间万物交流的方式,我们就算破解也无法懂得其中的意义所在,也无法复原那些久远的习惯,他们于我们终究是符号的存在,我们于他们终究是梦中都无法预见的未来。

生活的方式,房屋的搭建,彩陶的烧制,神秘的宗教,随着时间漫长的流逝将曾经那些日常的生活变成了一个个谜团。生命的起始与陨落仿佛已经不能去丈量那漫长而没有具体记录的时光,只能用文化的兴起与衰落去叹息那些随沧海桑田而消逝的文明。

多数时候,我更愿意去亲自触碰那些我所陌生的一切,历史、文化、宗教、艺术……凭着自己双手绝对的触感,凭着自己双眼绝对的真诚,凭着自己完全深入的内心。所以听着讲解的我只想自由地行走在曾经孕育过辉煌文化的黄土上,去感受这一片土地所承载的厚重历史,试图用自己的步伐去合拍那些行走于此地的先民。

我想切实地去触摸这一片土地,超越生命的土地。

大地湾,这片土地蕴含着的勃勃生机触动着我的心灵,我感受到了他跳动着的脉搏,听到了它血液流淌的声音,它告诉我们远古文化遗存的巨大宝库我们只是打开了一扇大门。

三

母系社会的发展成就了后来神话传说中的女娲,但大地湾这一片土地让你不得不相信,那些上古的神话是切实存在的。

女娲生于风沟,长于风台,葬于风茔。

这里的女娲祠从先秦时期就存在了,人们将女娲供奉了千年,他们同样生于风沟,长于风台,葬于风茔,风氏也在这里世代流传。可能这就是我们与上古那些血脉的相连,在我们去想象千万年前的同时也给现在的自己一个方向。

有女娲"捏土造人"的传说,在这里就有女娲造人的用水之泉。据说女娲祠前立的那一块石头就是从神秘的女娲洞最深处找到的,而那块石头就是女娲用来"炼石补天"的。

"女娲洞很深,正常人走到深处都会缺氧。"同行的是一位当地长大的负责人说,"小的时候我们还进去过,后来长大了,也就不敢再贸然进去。"随着年龄的增长,我们的心中都有了很多放不下的东西,也有了很多需要放下的东西,我们开始敬畏曾经因为懵懂无知而冒犯过的神话,开始思忖世间是否有生命的轮回,是否有所谓的天上地下,我们离开这个世界之后究竟魂归何处,那些让我们牵挂的人是否知道我们的思念。超自然的力量能不能让我们的生活变得更好,能不能让我们去往下一个极乐。

在发着白色光芒的烈日下,"炼石补天"四个字带着阳光的残影一直留在我的脑海里,所以我怀着一种胆怯而虔诚的心态去抚摸了女娲石。并没有汩汩神力不断注入我的体内,只有些许温热的触感融化了我略显试探的指尖,我将整个手都放了上去,想细细感受那恢宏的神话故事。

祠堂里传出了阵阵哭声,我站在祠堂外,怔怔地看着一家十几口人跪在女娲神像的脚下,站在一旁的老者说了一段话之后,跪在一家人最前的那位母亲双手合十,开始对着女娲神像倾诉。说着说着她开始哭泣,她来不及抹去眼泪,只是向女娲倾诉着,我仿佛听见她向女娲请求另一个人在下面的美好生活,她让那个人什么都不用担心。世间之事已与他隔绝,然而母亲的诉求与哀伤感染了身边的家人,大家的哭声更大了,有人开始忍不住抹泪。我的眼底也渐渐雾了起来,于是赶紧转过了身,也许是来自于对同类最原始的怜悯,也许是来自于亘古以来祖先对我们情感的教化,让我们拥有对同类的爱和对生命的信仰。

"希望他在下面能找一个自己喜欢的媳妇儿,好好地过日子。"看着跪在女娲像前的那位母亲不断涌出的泪水,我突然想起千年前那个看着青年死亡不知自己为何如此痛苦而流泪的女人。那个女人或许就是青年的母亲吧,她不断涌出的痛苦泪水像极了这位母亲,都在为早逝的孩子祈求灵魂的安好。我突然懂得了数万年前人类努力使自己的生活更为美好的原因,也懂得了他们拥有艺术与宗教的意义,那一切都源于相互之间无法分割的爱。

女娲神像的目光沉静而坚定地看向祠外,祠外是大地湾,是永恒历经着沧海桑田的土地。我匆匆走出祠堂,再也听不见那饱含着希望的祈祷与悲恸的哭声,只能将祠堂两侧被拍照游客推乱的门彻底打开,不要遮挡女娲凝望的视野。

我们的身体中不可思议地拥有着所谓情感,这情感如同灵魂一样从我们诞生起就存在于这构造相同的身体里。充斥着满眼的正红与明黄在刺眼阳光的照射下让我有些惶惶然,忽然我感觉到了时间的轮回与现实的一切在我们本拥有

印象大地湾
IMPRESSION OF DA DIWAN

大地湾博物馆全景

的情感中分崩离析。

  走在空空荡荡的时光里,风中铃铃啷啷的声音敲击着不安定的思绪,我回望一眼色彩单纯而绚烂的女娲祠,离开。

第二章 品读

八千年看中国

闫 倩

从秦安县城出发,沿着蜿蜒沉静的葫芦河往东北方行驶,沿途所见的是一路陡峭的山峰和村庄道路旁片片的果林以及大大小小数不清的彩钢果库。初冬,大地渐渐生出苍茫,进入枯水期的葫芦河流得漫不经心,像随时都会枯竭似的,而它的支流清水河则欢腾了许多。行车七八十里,小分队抵达秦安县五营乡邵店村,大地湾遗址就静静地躺在我们脚下,无论你来与不来,见与不见,亘古它都在那里。遗址背山面河,左右两翼以溪流和冲沟为天然屏障,被黄土梁峁拱卫环绕,占尽天时地利。这里气候温和,依山傍水,兼有山林河渔之利。

平日读书写作,我们习惯性地从心底礼赞中华文明五千年的历史华章,往往忽视了这样一个事实:华夏文明的血脉源远流长,中华文明文字点亮的历史也就五千年而已,而更多的人类文明变迁史还浸淫在漫漫的黑夜里,毕竟人类对过往和未来的想象与认识总是少之又少,有限得可怜。然而当我们真地站在大地湾遗址前,惊叹地凝视着在地下已经沉睡了好几千年的陶器、石器、骨器以及眼前那一片浩大神秘的原始村落时,我们的内心是激荡和震惊的。8000年于我们虽是一个模糊而遥远的数字,但脚下的遗址确实又让我们真切地感受着8000年历史深重悠远的呼吸和8000年来持续不断的历史脉搏。

在外形酷似原始建筑的大地湾博物馆里陈列着大地湾遗址考古发掘出土的最具代表性的315件文物。这一件件珍品诠释了古老大地湾文明的奇异与瑰丽,重现了大地湾先民们的日常生产生活情况,也为我们打开了朝更久远华夏文明历史凝望的一扇门。大地湾先民在彩陶、绘画、雕塑、建筑等各个领域表现出惊人的艺术创造力,为我们留下了弥足珍贵的艺术宝藏,众多的美不胜收的史前艺术品具有永恒的艺术价值,代表着西北先民的辉煌艺术成就。流光溢彩的陶器,蕴含了大地湾先民对天地万物的观察与认识,展示了原始农业聚落高超的制陶工艺,也反映了大地湾史前生产力的发展水平。这些陶器以生产、生活用器为主,形状有圆底钵、三足钵、三足罐、圈足碗、小口瓶、尖底瓶、口足鼎、平

底釜、条形盘、深腹罐等。大量早期彩陶制品以绘有变体鱼纹和鸟纹相结合的花纹为主。历经几千年历史沧桑的彩陶依旧风姿绰约地摆在那里，沉思凝望，思绪翻腾，就会不禁生出一种悲天悯人的器物之心，是一双怎样的艺术之手将它悉心制作，又是怎样的一个机缘巧合投入到一家人琐碎又生动的日常生活中，又是怎样经历了历史风沙的淘洗被一双手再次从黑暗的大地里带着惊喜的颤抖缓缓地捧出来，直到出现在你我的面前。

据介绍，在大地湾编号为 H398 的灰坑中，发现一堆炭化的粮食标本，经专家鉴定为黍（俗称糜子），是中国同类作物中时代最早的标本。这说明陇原大地最早的垦荒者至少在 7000 多年以前就成功地将野生黍培养成栽培黍，纠正了国际农史界通行多年的中国黍源于国外的谬误，进而确立了中国黍源于陇西黄土高原的说法。以大地湾遗址为中心的清水河谷是中国最早的粮食和油料作物的种植地，也是中国旱作农业黍、稷的发祥地。这两种植物的栽培史距今已有 7800 年左右，较之于半坡早了 1500 多年，两种植物种子的出土毫无疑问地证明以大地湾遗址为中心的河谷是中国农业文化的起源地之一。而大量出土的骨耒、磨石、磨盘、陶刀、石刀等农业生产工具进一步证实了农业已经产生，并且超越了刀耕火种的最初阶段。此外，在一些墓葬中还出现了猪狗等家畜的骨骼，原始的农业生产活动便在这里有了一个清晰生动的脉络。

在山上，我们已经看不到当年挖掘的遗址群落。据介绍，由于这些遗存在地下已经沉睡了好几千年，出土后在没有针对性的保护措施下经风吹日晒很容易氧化分解，失去原来的风貌。所以，发掘后很快又把这些遗迹重新埋入地下保护起来。目前我们所能看到的，只是很小的一部分，不到整个遗址的百分之一。我们在邵店村野外拍摄时，只要仔细留意就会发现在耕地里、在山崖的土层里依旧夹杂着大大小小色彩质地各异的碎陶片，由此可以推想村民们在地里干活的时候时不时就能碰触到这些散落在八千年历史尘埃里的彩陶片。有人更为形象地说："村民一弯腰，就捡起了 8000 年的历史文化"。

如果把仰韶文化比作中国文明孕育成长的重要时期，那么大地湾无疑是培育仰韶文明的母胎。大地湾遗址及其现有地理环境不仅基本保持了史前生态环境——由梁峁与河川组合而成的完整的原始地形地貌，而且还分布着渭河流域新石器时代延续发展了 3000 年左右的原始聚落遗存，揭示了聚落阶段发展的完整性，同时反映出聚落选址在此 3000 年间存在着一个由低向高的连续活动过程，是我国史前史极为难得的实例，在史前聚落研究方面具有独一无二的价值。

据秦安县地方志等资料介绍：九龙之首有凤山，中有凤凰山，尾有凤尾村，凤尾村与娲皇村相连，位于九龙山脉之下的陇城镇，为女娲娘娘诞生之地，有建于汉代之前的女娲庙和许多史前遗迹。九龙山脉，古迹众多，有秦始皇时始建的西番寺，西魏时的观音院、双塔山，传说中九龙山三圣母得道成仙之地的脱骨寺等，著名的大地湾遗址也坐落在九龙山脉的山麓。九龙山脉承载了上下8000多年的厚重历史，是一座文化之山，神秘的山，她汲饮清水河，吐纳南小河，气脉绵长，充满灵气。正如元代碑文所赞："重恋叠嶂，巨壑幽谷，启肇原陇，草木贡四时之秀，烟霞共千里之奇，真仙灵之窟宅！"九曲陇水，悠然而来，在县城接纳西小河、南小河，在九龙之首完成了她较大支流的最后汇聚。

凤山由泰山庙古建筑群、太平堡遗址、行宫及春场园四大部分组成。山上庙宇鳞次栉比，整个建筑按照凤山山梁的自然地形，自东向南逶迤而来，错落有致。这些建筑群宛若一颗颗璀璨的明珠镶嵌在秦安县城的冠带之上，又像瑞兽祥禽飞舞盘踞在凤山顶上。其间萦绕勾栏，盘曲石径相通连。殿宇内塑有精美神佛像，墙壁上绘有书画作品，楹联匾额汇集了国内著名大家的墨迹。书写遒劲，画工精巧。据说是天水地区目前唯一保存完整的泰山庙古建筑群。

泰山庙的殿厦亭楼，依凤山山脊的自然地形，错落有致，分台建造。第一台是财神殿，沿石阶盘旋而上，第二台为山门和福神殿、天齐殿，庙宇玲珑绚丽，各有千秋。其后的蓬莱阁为第三台，牙檐高啄，映翠飞丹，气势轩昂，直插云天。第四台是鲁班殿和洞宾殿。第五台即五台观，以玄武殿（又称无量殿）为主体，无量殿左右分别为娘娘庙、药王庙、华佗庙、千手千眼佛洞、钟鼓楼、灵官殿和土地庙。娘娘庙前旧建一轩，其后壁开轩窗两个，凭窗远望，可见西山莽莽如画，陇水紫回若带。壁上题联："好山对面青如洗，远树当窗翠欲流。"鼓楼为凤山唯一保存的元代建筑，第六台为碑林和接引殿。第七台为雷神殿，今名三法宫，祠雷祖、张天师和玄武大帝。第八台为玉皇宫，第九台为三清殿，侧后为伏羲庙。最顶端为邀月亭，因秦安为李白故里，已故中国诗词学会原会长李汝伦在1991年来秦安时建议建亭并题名。

在凤山拍摄途中，"胡缵宗"这个名字被大家反复提及。后世对他的记录大抵是：明代杰出政治人物、文学家、书法家。曾官至右副都御史，巡抚山东、河南，后因官衙失火，引咎辞职。他善作诗，其诗朴质、深沉而情感炽烈。他的墨迹，在江苏镇江有"海不扬波"，在曲阜孔庙有"金声玉振"坊，在天水伏羲庙有"与天

凤山公园

地准"牌匾,又有"趵突泉"石碑,刻有《艺文类聚》一百卷。《四库全书总目》收六种胡缵宗著述提要。胡缵宗留给秦安人丰厚的遗泽,胡缵宗辞官回乡后在邢泉村可泉寺著书,常与邑内乡贤名流聚会宴集,倡一时之风气,作《陇溪九逸图》。在他幼年读书、晚年著书立说的可泉寺,还建有胡缵宗纪念馆,里面收藏着与胡缵宗有关的历史和书法墨宝,其中以胡缵宗影图和凤凰千仞的牌匾尤为著名,成为后人纪念和研究胡缵宗的重要遗物。

秦安游记

魏新越

时维三秋，师友若干人一起驱车前往秦安，金色阳光铺满高速公路，已然从窗外照耀进我们愉悦的心里。

天纯水净是我对天水一贯的印象，离它越近，便越有绿意袅袅似江南之感，在苍凉粗犷的大西北，天水仿佛一片被庇佑的海子，翠意镶嵌，灼耀夺目，平易近人却又深不可测。我尊重这片土地，我对这片土地充满敬意，因为看似默默无闻的它，曾孕育出的是滔滔华夏文明和浩浩中华儿女。它的故事，一讲就是八千多年，如今的我，仅撷取一刻便已感佩交集。

而现在，为我敞开大门的便是秦安。临行前除了那名震中外的大地湾遗址，我对这座城的了解少到惭愧。车平稳地行进，我闭上眼睛，用零星散落的架构串起对那里的想象。那个人类文明的发祥地，那个历史长河最初激荡过的地方，它的过往是不是已经如同遥不可及的银河，虽然露出了神秘的轨迹但依然咫尺天涯？更让我心存疑虑的是居住在那里的人们，对他们来说，这格外厚重的历史和久远的过往意味着什么？心绪混乱之际，我们已进入秦安的怀抱。

那　村

水土养人，秦安的朋友们果真如我想的一样，粗犷豪放中糅杂着细腻与温柔，他们高挺鼻梁分明的轮廓、爽朗的笑声已经早于这里的风光感染了我。短暂的寒暄之后我们放下行囊，马不停蹄地赶往石阶村。路途中，映入眼帘的多是刻有"步步高升"的石阶——它们都被冠以美好的寓意。行进至村口，摆放的人面鱼身像和山头安坐的短发女卫士雕塑，给这宁静的村庄赋予了更多神秘而又浓厚的历史气息。

我们随意走进一户人家的院落，整洁舒适，白砖红瓦显得别致静谧，黄土夯实的院子里，老磨静静立在一边，婆娑树影倒是识趣地撒在黄土院墙之上。暖阳随着小黄狗的尾巴慢慢摇摆，一角堆放着的黝黑的花椒散发着酥香气息和迷人的光彩。我与老乡攀谈，讨好似的问他，生活是否安逸，他立即露出洁白的牙齿

笑着领我走向一棵梨树,摘下包裹着报纸的果实塞进我手中。我明白无需客套,拿起来便狠狠咬了一口,"好甜啊!"出乎意料的香脆使我大为惊叹,自小看多了城市的成堆水果,却不想在这乡间树下,吃到脆梨,香甜入心。这一瞬间我突然明白老爷子的用意,饶是累赘多语,也不过想给我们看看,简单甜果,自是生活真谛。如今再回想起来那果实,依然唇齿留香……

那 湾

去大地湾遗址的那天,烈日当空,刺眼的阳光不禁让人微眯双眼,我稍仰起头感受骄阳的温度,仿佛再一睁眼便能回到八千年前,那个被黄河哺育神秘而又充满创造力的聚落。我依稀看到,那个证明华夏历史的部落里,长老和部族的青年一起,为了部落的安危,舍身多次,终于发现了这最早的"混凝土",也让人们迈出了洞穴,住进了房屋。

沧海桑田,曾经繁荣的部落已被历史翻涌而来的黄沙所掩埋,但先辈创造与智慧的光芒依然闪闪发光。除了混凝土,大地湾这片厚重的土地上还诞生了太多的人类历史之最。站在博物馆中,仿佛能真切地触摸到那个时代的脉搏,虽然遥远、模糊,但依然沉稳有力。若能穿越时空的长河,我们能想象那时淙淙流淌的清水河旁茂密的草木,男人在大象棕熊频频出没的树林间狩猎,女人采集果实种植谷物,人们在傍晚点起篝火舞蹈庆祝,并将灵动的舞姿和狩猎的场景绘于泥陶瓦罐之上。六畜兴旺,丰衣足食,人类产生了精神上的需求与渴望,女人用动物的骨头磨制发簪,带上绘制着精美花纹的泥镯,使用纤细的骨针为族人缝制衣裳。不满足口头交流的限制,他们甚至开始用简单的原始文字记录信息。这种种,都证明着居住在大地湾的先祖令人惊叹的胆识与魄力。第一次,我多想在这里停留几个小时,我想仔细阅读每个文字,用热切的目光抚摸每件文物,更想触碰、想感受那个时代的伟大和不朽,也渴望与秦安分享更多的时光,用这里肥沃的土壤滋养自己的身心。

那 祠

我向来认为"信仰"是最难用文字描述的一类存在。你可以说它是一种慰藉,盛放无处安置的漂泊灵魂;可以说它是一种寄托,传送无法诉说的思念与不舍;亦可说它是一种救赎,解脱此生造下的万般罪孽。我以为无论何种信仰,都如此神秘肃穆,如下定决心便必须虔诚敬畏,所以每每陪家人上香,都小心翼翼依照种种规矩,生怕因自己的轻浮打扰到神明。有时心中甚至冒出可称之为不敬的念头,信仰是否在某种程度上成了一种制约和压力?它真的能还你最初觐

女娲祠

奉时怀的那颗初心吗？没想到此去秦安，却因一件小事触动。行程最后一天，同行的老师提议去陇城镇的女娲庙转转，相传那里是女娲诞生的地方。一到目的地，镇上的朋友热情地接待了我们。短暂的介绍欢迎后，他说的第一句话便是当地的百姓很崇拜女娲娘娘，就在我想要提出疑问之时，"女娲祠"已映入眼帘，刻着"娲皇故里"的石碑静立在侧，仿佛捍卫着这里不可撼动的地位。一尊巨大的女娲像端坐在正中，灵动慈善，大殿内的唤钟此时也为前来礼拜的信徒敲响。我站在殿外，闭上眼聆听深远的钟声，突然沉淀的心绪被一阵吵闹打乱，眼前好几人拿着种类繁杂的贡品争先恐后地进入，后面跟着的男女老少十余人纷纷跪倒在拜垫上，没有拜垫的人便席地而跪，殿内跪不下了就干脆跪拜在殿外的长廊，其中的长者看起来头发斑白已过花甲，年岁小的仅仅是乳臭未干的垂髫小儿。

　　我不能不被这信徒顶礼膜拜的场面吸引，本以为是大家族选择吉日前来祭拜祈福，直到跪在最中间的老者突然涕泪横流，我隐约从带着哽咽的土话中听出原来是家族里的年轻人突然逝世，亲人无法释怀，来求女娲娘娘庇佑逝者灵魂得到安息。心血同下的祷告，让一家老小纷纷落泪，我一个旁观者也看得沉痛

悲戚，一时间缓不过神来。同行的朋友默默走到庙前，打开了半掩的山门，低语道："希望他们的祈祷走远些吧……"走远些吧，这平常不过的期愿，多么卑微和小心翼翼，但我什么话也说不出口，万千思绪堵在心头，反而郑重地点了点头推开另一扇庙门，一霎间，我好似寻到了关于信仰的答案，信仰此时仿佛脚下的地，兜住你不至万劫不复，又仿佛头顶的天，走累了可以仰望可以倾诉。回想不久之前，我询问一个友人为何年纪轻轻便开始信佛，他回我，只想给自己寻一盏灯，再黑也能找到家。此刻，我突然明白了友人的心境。对他来说，信仰指引他前行，在千疮百孔的世界中幻化成一道底线，只要不跨过信仰，便是向善，便能回归。信徒严格遵守种种严苛烦琐的规则，是因为人们需要敬畏，需要底线，敬畏令人忌惮，忌惮克制欲望，而不突破底线是在保护生的价值。

几日之后便是归程，小雨霏霏，我试着将身体靠向窗边。看着渐行渐远的秦安，这青山秀水带我做了一个梦，梦里我走过青砖黛瓦的明清古街，抚摸李氏宗祠典雅秀丽的照壁，品尝浓郁爽口的浆水面，和八千年前的大地湾先祖共舞，为女娲娘娘焚香。我想沉浸在这个美梦中不要醒来，我爱上了秦安，他的相貌清秀峻拔、沉稳肃穆，他的经络贯通古今，他的血液流淌在每个居住在这里的人身上，离他越近，越能挖掘灵魂深幽之处。钟灵毓秀间，我也曾怀梦于此，自然也会还梦将来……

印象大地湾
Impression of Da Diwan

叁

第三章　关注

GUAN ZHU

一、组织关怀

甘肃 7 月 3 日举行公祭伏羲活动　国家领导人将出席

铁　岩

"为进一步弘扬伏羲文化,提高甘肃知名度,吸引世界华人寻根问祖,省政府决定,从今年起,天水公祭伏羲大典活动将提高规格,改由省政府主办,天水市政府承办,省文化厅和省直有关部门协办,首次甘肃省省级公祭伏羲活动定于 7 月 3 日在'羲皇故里'——天水市隆重举行。"这是李膺副省长在 6 月 22 日举行的省政府新闻发布会上宣布的。

天水市自 1988 年恢复伏羲公祭大典以来,至今已连续举办 16 届。据有关方面透露,公祭活动期间,国家领导人、国家有关部委领导,省委、省人大、省政府、省政协主要领导将出席公祭大典,西部部分城市代表团,台湾同胞,港澳同胞,国际友人,海外旅游团,中央、地方各大新闻媒体及全省 13 个市州代表团近万人与当地数万名群众将齐聚天水,光临盛会。届时,还将举办 2005 年中国天水伏羲文化旅游节、天水市建市 20 周年庆典活动、"情系敦煌"两岸文化联谊等 20 多项活动。

天水市长:影响有望超公祭黄帝

谈到今后如何扩大公祭伏羲活动影响时,天水市市长张广智显得信心十足,他说,天水是人文始祖伏羲的故乡,明代重修的天水伏羲庙是目前国内规模最大、保存最完整的伏羲祭奠场所。中国历史是从有文字记载的黄帝开始的,但中华民族五千年文明历史之前还有史前文明,大地湾文化等代表的就是伏羲文化,伏羲作为三皇之首,弘扬伏羲文化更具有深远和重大意义,未来公祭伏羲的影响将超过陕西公祭黄帝的影响。

文化厅长:与敦煌文化同等重要

省文化厅厅长马少青认为,近年来,我省提出的建设文化特色大省是依靠敦煌文化、丝路文化、藏传佛教文化等,随着各界对伏羲文化的认识和研究,可以说,伏羲文化与敦煌石窟文化、丝路文化同等重要。此次提升公祭伏羲活动规格,标志着甘肃伏羲文化的建设开发进入了新的阶段,标志着特色文化大省建

设的思路日趋成熟,弘扬伏羲文化对推进甘肃特色文化大省建设具有深刻的历史意义和重大的现实意义。

北方网
2005 年 6 月 23 日

中央编译局局长韦建桦考察大地湾遗址

牟 华

11月17日,刚刚在天水宣讲完党的十七大精神的中央宣讲团成员、中央编译局局长韦建桦,在省委副秘书长邵明,市委常委、宣传部长孙周秦的陪同下,深入到大地湾遗址进行实地考察。

在考察中,韦建桦一边津津有味地听讲解,一边不停地询问大地湾遗址的发掘、开发利用及其历史考古价值。参观结束时,韦建桦说,从大地湾遗址的发掘及其考古价值来看,将上下五千年的中华文明史推前了3000年,意义深远,非同凡响。从马克思、恩格斯对古代文明史的研究观点,以及《共产党宣言》一书来看,有文字的历史,才是真正的历史。结合印度、俄罗斯等国家对我国民族文明史的观点思想,大地湾遗址在科技、政治、经济、文化等领域,为我国唯物史观的研究提供了宝贵的史料。尽管目前大地湾遗址没有写进中华民族的史书,但其在科技、建筑、种植、文字绘画、火的发明与利用等领域的考古价值,对改写中华文明史,乃至世界文明史都有不可估量的意义和作用。

《天水日报》
2007年11月23日

王曙辉在秦安县陇城镇考察

沈 炜

12月19日,麦积区委常委、宣传部部长王曙辉一行在副县长杨栋的陪同下考察调研了陇城镇明清街、女娲祠、街泉庄香醋加工厂及三国文化园建设。

明清两代,陇城镇的商业最为发达,商贾云集于陇,谋求生意者颇多,并建有山西客商云集的山西会馆。明代陇城西街建有"都宪牌坊",清代陇城上街建有"娲皇故里",并有铺面、楼阁等古代建筑,如今大多已毁。现残存于陇城镇内的明清建筑大多是商铺,分布于陇城镇内街道两旁,长约800米,宽6米,残留铺面103间,其中楼阁式铺面9间,这是天水市保护较为完整的明清建筑,如今因建筑年代久远,年久失修,一些铺面的檐角已经开始剥落、掉角,更为可惜的是一部分老式铺面被主人拆除,改建为新式铺面,镇政府已制止拆除改建,并进行了抢救性修缮,力求恢复原貌,使其呈现历史价值。

作为两皇故里的陇城,历代都有对伏羲、女娲隆重的纪念和祭祀活动。比如陇城有纪念伏羲生地的八卦城,凤尾村有羲皇寺,风沟有八卦坡。明代胡缵宗写的《秦安县志》记载:汉代以前陇城就大祭女娲。他说:"女娲成纪人也,故陇城得而祀焉"。当时,女娲庙在陇城北山上,叫北山寺,后因北山塌陷庙毁;之后建在东门上,后水逼城垣,庙也被冲毁;又建在寺坪上,叫作东皋寺,清同治年又毁于兵乱,随后建在南城门内的城隍庙旧址,"文革"中又毁。现存的女娲祠是群众自筹资金7万余元于1989年第五次重建的。山门为2001年群众自筹资金8

第三章 关注

万余元修建而成。大殿为单檐歇山顶仿古式建筑。迎面而立的补天石是村民清理女娲洞时挖出的。上有天然的"风"字以及女娲"抟土造人""炼石补天"的图像印迹。殿门上有原甘肃省委书记顾金池写的"华夏先祖"的匾额，左右有天水诗人霍松林撰写的板对："毋轻抟土意选良师细塑精雕自有英才清玉宇，须重补天功任硕鼠明吞暗啮何来美政济苍生"。

街亭古战场遗迹就在今天的陇城镇，位于秦安县城东45公里处，距大地湾遗址8公里，是一处宽约6公里，长达十几公里的开阔地带，南北群山对峙，清水河缓缓流过，是关陇大道的咽喉之地，战略地位十分重要，成为历代兵家必争之地。有得失陇右，安危关中的战略地位。三国时期魏蜀街亭之战就发生在这里。街亭所处的位置是一个河谷开阔、四通八达、南北山势险要、进能够攻退可以守的战略要地。三国时，诸葛亮派参军马谡为先锋，王平为副将固守街亭，因马谡违背诸葛亮部署，又不听王平力谏，"依阻南山，不下拒战"，舍水上山，凭高扎营。结果蜀军久困渴乏，出战接连失利，终被魏军大将张郃所败，使首出祁山叛魏应亮的南安（今甘肃陇西）、天水（今甘肃天水市）、安定（今甘肃镇远）三郡得而复失，诸葛亮得知街亭失守，挥泪斩马谡，上疏请求自贬三级。从此，街亭便名扬天下。

街亭既是闻名的远古文明源头之一，又是"得失陇右、安危关中"的战略要地，是历代兵家必争之地，也是秦民族繁衍生息的地方。考查街亭一带，的确有不少秦人征战和活动的遗迹。在街亭南面2公里处有一石碑曰："秦避难山"，就是说秦人因战事退避在此山一带防守。在这一带经常出土一些镞、矛、带钩、

137

车马器残片等战国青铜武器和战国铜币等遗物。1967年发掘出土的陶器、铜器、铁器共393件，其中的珍贵文物秦权和秦铜灯等已上交北京博物馆。秦权即后代民间俗称的"秤砣"，秦铜灯合为一灯启为三灯，它和秦权均为国宝级文物。

陇城镇街亭这一带经常发生秦、戎争夺战。据史料记载：当时在战国，有人势力割据略阳川，秦王诛之后凿险洞于积麦崖，建庙宇曰：无忧，后称无忧寺（今西番寺，街亭南面2公里处），在当时曰"无忧"就是意指此地攻战频繁，人们渴望战乱结束，再无忧患。

如今，走进陇城镇，当街建有一座六角亭，亭中立有石碑一块，正面为习仲勋同志（曾任陕甘苏维埃政府主席、陕甘宁边区集团军政委、新中国成立后任国务院副总理等职）题写的碑名"三国古战场遗址——街亭"，背面为邑人题写的碑文。街亭是天水三国文化的重要组成部分。

2004年12月，陇城镇人民政府邀请西北师范大学旅游学院制定三国街亭古战场旅游景区规划，该规划以街亭古战场、街亭古城等体现先祖遗迹、战争场景和西北民俗风情的资源为依托，以祭拜先祖、战场凭吊、休闲娱乐等旅游项目为主要内容，以参与性的动态旅游项目为主，力争把景区建成为在国内外具有强烈吸引力的以寻根祭祖为主体功能的中华女娲文化旅游目的地。

秦安县政府办公室
2011年12月22日

老领导窦述在秦安调研 县委书记王东红陪同

汪敏刚

9月26日,老领导窦述一行在天水市委老干部局副局长张平绪,办公室副主任罗逢春,秦安县委书记王东红,副书记裴贵军,常委、兴国镇党委书记杨喜春及县委办、县委老干部局、县检察院、县文广局相关部门负责人的陪同下,专程前往秦安解放纪念馆、秦安凤山公园、大地湾史前遗址博物馆进行调研。

王东红代表秦安县四大组织对窦述一行的到来表示热烈欢迎,对窦述多年来持续关心、关注和支持秦安发展表示衷心感谢。

窦述一行首先来到秦安解放纪念馆,在该馆讲解员的精彩讲解下,窦述一行兴致勃勃地参观了红军解放秦安时的各类图片、实物等,回顾了解放秦安的那段历史。参观结束后,窦述一行对秦安解放纪念馆的建设给了高度评价。纪念馆存有大量的文物和文献资料,对秦安解放历史反映翔实。纪念馆的建成开

馆和免费开放,对于教育引导广大干部群众和青少年学生进一步了解秦安革命建设史、弘扬爱国主义精神具有十分重要的意义。

秦安县委外宣办

2012 年 6 月 27 日

秦安县政协委员谈大地湾史前遗址公园建设

王庆虎

在秦安县政协十二届二次会议分组讨论期间,县委书记王东红就开发建设大地湾史前遗址公园、在传承和保护大地湾文明的同时建设特色文化大县这一课题讲了重要意见,并要求县政协委员就此建真言、献良策。冯喜成、王多庆等县政协委员在讨论发言中畅谈了自己的一些认识和看法。

冯喜成委员说,甘肃建设华夏文明传承创新区,为秦安大地湾遗址保护及开发建设提供了千载难逢的良好机遇。我县应该按照省上确定的在天水打造始祖文化园区的总部署,积极争取和实施大地湾史前遗址公园建设项目。他说,开发建设大地湾史前遗址公园建设项目,对于保护传承华夏历史文明、探索中华文明起源的历史进程、发展特色文化旅游产业、促进县域经济发展具有十分重要的意义。冯喜成委员就如何开发建设大地湾史前遗址公园提出如下建议:一要集思广益,科学规划。要尽快成立大地湾史前遗址公园建设协调推进小组,组织宣传、发改、文化、文物等部门,并邀请吸纳相关专家学者参与,坚持高起点谋划、高水准开发,编制《大地湾史前遗址公园规划》及相关建设项目计划书,主要

包括清水河故道实施及大地湾环境修复项目、遗址保护范围及外围一定区域植被恢复项目、复原原始村落项目、遗址展示项目等，再现史前原始先民狩猎、捕鱼、居住、聚会等古朴而优美的生态环境和生活状况，创造人文与自然相结合的史前遗址公园。二要集约开发，分步实施。要牢固树立可持续发展意识，整合项目资金，集聚各方力量，推进遗址资源的规模开发、深度开发和综合开发，提高遗址资源的利用率和开发效益。要从清水河故道生态环境修复项目建设起步，扎实推进连接干道公路、游客服务中心等基础实施项目建设。要从扩大遗址发掘和保护范围入手，逐步推进重点遗迹文物保护、原始村落复原等项目建设。三要有效保护，合理利用。要坚持传承与创新结合、保护与开发并重、文化与旅游深度融合的原则，科学建设大地湾史前遗址公园。要摒弃"为保护而保护"的旧观念，将合理开发作为有效保护的主要途径，依托遗址资源传承展示大地湾文化，着力打造全国华夏文明传承创新示范基地和世界级旅游目的地，推动和促进秦安文化旅游业的大发展。

王多庆委员说，大地湾遗址是我国史前时期一处大型聚落遗址。因其文化类型多、延续时间长、历史渊源早、技术水平高而享誉考古学界。通过实施建设大地湾史前遗址公园建设项目，能有效保护开发利用大地湾文化旅游资源，集中展现秦安悠久灿烂的历史文化和我国新石器时代人们生活的历史原貌。对于挖掘、整理、传承、保护、展示大地湾文化，打造全国华夏文明保护传承和创新发展示范区历史文化基地，弘扬和展示中华民族优秀传统文化，促进秦安文化旅游产业大发展、大繁荣起到良好的促进作用。

秦安县委外宣办
2013 年 3 月 2 日

新石器时代遗址大地湾考古概况

大地湾是我国西北地区最重要的新石器时代遗址之一,遗址位于甘肃省秦安县东北45公里处的五营乡邵店村东南以及冯家湾村西。遗存主要分布在葫芦河支流清水河南岸的Ⅱ、Ⅲ级阶地及与其相连的缓坡山地。范围北起河边阶地,南至山顶堡子,东侧以冯家湾沟为界,西侧为绵延数公里的阎家沟溪流,总面积约110万平方米。其中河边阶地面积35万平方米,山地面积约75万平方米。

大地湾考古包含遗址发掘、资料整理和编写考古报告三个阶段的工作。发掘始于1978年,由于重要发掘层出不穷,探索村落整体面貌需大面积揭露,因此发掘进行了7个年度。虽然田野考古日晒雨淋,工作十分艰辛,但令人惊喜的考古发现也给我们带来了无穷的乐趣。1984年秋季,因保护大型原始殿堂F901以及整个遗址的需要,发掘暂告结束。1995年,为了搞清仰韶早期聚落的布局以及周围壕沟的走向等问题,又进行了补充发掘,清理新石器时代房址240座、灶址98个、柱基2处、灰坑和窖穴352个、墓葬69座、窑址35座以及沟渠12段。出土陶器4147件、石器(包括玉器)1931件、骨角牙蚌器2227件、兽骨17000多件以及数十万件残陶片。

第二阶段的工作自1985年起陆续展开,主要是陶片的粘对拼和、陶器的修复及资料的核对。1990年成立了报告编写小组,在做好整理工作的同时,开始着手第三阶段的工作。

考古报告是将所有考古发现公之于众、服务于社会的最终表现形式,是构筑考古学研究成果的基石。它不同于一般的科研论文,它是对出土遗物的全面系统的分类、定性和研究。在编写过程中,我们竭尽全力,力求报告内容的科学、全面、准确、真实。陶器部分,我们并未停留在一般的公布各类陶器的形式,而是将属于同一形式,但陶质、纹饰、大小不同的均全面公布;对于石器,每件完整器型的资料,包括尺寸、重量、岩性亦做了详尽的说明;对于骨器,我们将711件骨角牙蚌器交由兰州大学丛林玉教授进行比较解剖学鉴定,鉴定结果全文公布,

开创了国内考古报告中对骨器所属动物、所属部位研究的先例；我们配合中国科学院古脊椎动物与古人类研究所祈国琴教授为首的课题组对大地湾兽骨进行了动物考古学的综合研究；为了获取更多的信息，还聘请有关专家对植物、木炭、颜料、玉器进行了多学科的鉴定和考察等。

报告初稿完成后，经领导研究决定，于2001年6月交国家文物局专家组成员北京大学考古文博学院教授严文明先生审阅。2002年4月，审阅最后通过。2006年，大地湾考古报告出版。

甘肃是中华文化和文明的重要发祥地，是古文化遗存相当丰富的地区，也是历年来考古工作开展较多、有重大发现的地区。甘肃地处黄土高原、内蒙古高原、青藏高原的交汇处，狭长广阔的地域、复杂多样的地形和自然环境，造成甘肃史前文化面貌错综复杂，文化的交融和变迁频繁发生。因此，考古学界始终关注着这一地区的每一项考古发现，并且多年来投入较多的研究力量，发掘了数十处新石器时代遗址，取得了一系列的研究成果，尤其在马家窑、齐家等文化研究方面成果显著。但是，甘肃东部地区的考古工作相对薄弱，仰韶文化仅有零星的发现，距今5000年前的历史基本上属于空白。对大地湾遗址的发掘和研究彻底改变了甘肃新石器时代的研究局面，不仅将甘肃古文化历史向前扩展到距今8000年前，同时为西北地区考古学区系类型的研究、中华文明的起源研究等重大课题提供了广阔的和弥足珍贵的资料。以大地湾考古为标志，甘肃新石器时代研究从此跨入一个崭新的阶段。

3月12日，天水市委常委、宣传部长彭鸿嘉，市委副秘书长、督查室主任崔

在大地湾遗址调研

玉军,市委宣传部副部长王道一行深入秦安,就华夏文明传承创新区建设及文化产业项目建设情况进行了调研。秦安县委书记王东红,县委常委、宣传部长李爱仙,副县长郭双江及相关部门负责人陪同调研。

在陇城明清街调研

彭鸿嘉一行先后深入大地湾遗址、陇城明清街、街亭古战场遗址、上关明清街(精品文物展馆)及文化企业五星铅笔厂等地,详细了解了秦安县华夏文明传承创新区建设的总体思路和文化产业发展现状及文化产业项目进展情况。

近年来,秦安县以打造中国历史文化名县为目标,以建设女娲寻根祭祖圣地和大地湾大遗址考古公园、女娲文化园、三国文化园、名人民居文化园、民间民俗文化园等五大文化园为重点,加大资金投入,完善基础设施,健全公共文化

在街亭古战场遗址调研

在精品文物展馆调研

服务体系，积极实施凤山生态公园、葫芦河生态公园等文化工程项目，不断提升文化软实力，促进了文化事业和文化产业的繁荣发展。

彭鸿嘉在调研中指出，秦安是文化大县，有着深厚的文化底蕴和丰富的文化资源，要紧紧抓住建设华夏文明传承创新区这一重大历史机遇，按照省委、省政府提出的"一带三区十三板块"的总体要求，创新思路，超前谋划，发挥优势，坚持科学合理规划，突出文化资源保护，进一步打造"大地湾文化""三国文化""女娲文化""民间民俗文化"等文化品牌，推动秦安文化事业和文化产业健康协调发展。

彭鸿嘉强调，秦安县要以建设华夏文明传承创新区为契机，立足县情发展实际，发挥文化资源优势，科学编制好《华夏文明传承创新区秦安县发展规划》《女娲文化园建设规划》《大地湾国家考古遗址公园规划》等项目规划，在继续做好凤山生态公园、葫芦河生态公园、百里生态文化长廊等文化项目的同时，进一步梳理好全县文化产业项目，加强项目规划、储备和培育工作，力争一批重大文化项目进入华夏文明传承创新区建设的总盘子，推动秦安经济社会转型跨越发展。

在谈到文化产业发展时，彭鸿嘉强调，要确立文化品牌意识，以品牌扩大影响，吸引资本、开拓文化市场，积极扶持文化龙头企业提质增效，带动和辐射全县文化产业快速健康发展，形成文化事业与文化产业相协调、文化与经济社会发展相促进的良好格局；要加大文化产业招商引资力度，积极争取文化产业项目，实行包抓项目责任制，加快民俗文化产业园等项目建设步伐；要研究出台扶持政策,进一步加大人才培训和文化产品研发力度,为文化产品生产和经营提供政策、信息咨询和智力支持,积极引导文化产业走专业化、商品化经营的路子。

彭鸿嘉要求,秦安大地湾文管所作为省文物局垂直管理单位,要按照省市统一部署,进一步理顺与当地政府和文化文物主管单位的关系,要发挥与省上垂直协调的优势,科学地编制好《大地湾国家考古遗址公园规划》,全面做好文化文物保护和开发工作,在秦安县华夏文明传承创新区建设中发挥好职能作用。

随后,彭鸿嘉一行还就秦安一中改扩建工程和县体育场建设工作进行了调研。

《甘肃日报》
2013 年 03 月 13 日

中央和省级媒体看天水采访团聚焦秦安发展

王新庄

4月15日,由《人民日报》、新华社、中央电视台、中央人民广播电台、中国新闻社、《经济日报》、香港《大公报》《商报》、澳门《华人报》、甘肃电视台、《甘肃日报》《甘肃经济日报》、甘肃人民广播电台、中国甘肃网等17家中央和省级新闻媒体组成的采访团一行30余人走进秦安县,聚焦秦安经济社会发展中的特色和亮点工作。秦安县委常委、宣传部长李爱仙及县委外宣办负责人陪同采访。

采访团一行先后深入到秦安县大地湾 F901

原始宫殿遗址、大地湾原始复原村落、大地湾博物馆、女娲祠、三国文化园、陇城镇西番坪优质苹果生产基地、刘坪乡何湾万亩优质蜜桃基地、凤山风景区、西滨河路、安家园子广场、体育中心、葫芦河生态公园、成纪大道、南城区开发建设现场、天水冠源果业有限公司、甘肃福雨塑业有限公司、秦安中国西部小商品城、秦安小商品市场等地,对秦安县文化旅游业发展、林果产业发展、城市建设、工业园区建设、商贸流通业发展及劳务经济发展等工作进行了全方位、多角度、深层次的采访。

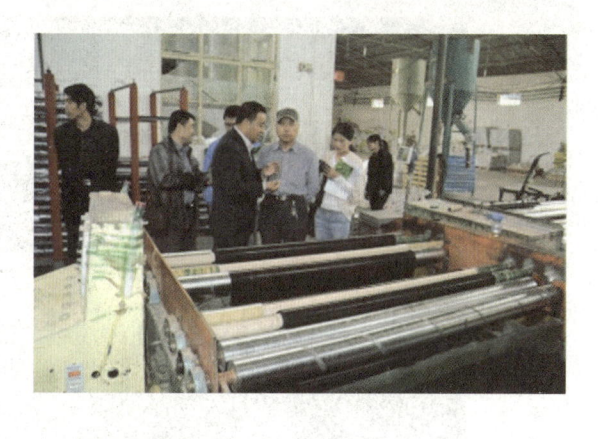

据了解,中央和省级媒体看天水集中采访活动从4月10日起至4月20日结束。活动期间,17家中央、省级新闻媒体将围绕天水市现代化大城市建设、关中——天水经济区规划实施、工农业经济发展、文化旅游项目建设等重点工作进行全面采访报道。

秦安县委外宣办
2013年4月15日

王东红、程江芬深入大地湾遗址调研

汪敏刚

2月7日,秦安县委书记王东红,县委副书记、县长程江芬带领县文广局、文物局,莲花、五营等乡镇和相关部门负责人深入大地湾遗址,就国家考古遗址公园建设工作进行了调研指导。县委副书记裴贵军,县委常委、宣传部部长李爱仙,县委常委、副县长郭双江,副县长裴子会陪同调研。

座谈会上,县上相关领导,大地湾文管所,县财政、国土、民政、文物、文广、建设、交通、林业、农业等部门负责人及五营、陇城、莲花等乡镇负责人就国家考古遗址公园建设工作及今后的工作打算分别做了发言。

在听取发言后,王东红、程江芬指出,根据国家文物局关于公布第二批国家考古遗址公园名单和立项名单的通知,大地湾国家考古遗址公园已被国家文物局正式批准立项,分三期实施。大地湾遗址是中华文明的重要发祥地之一,是我国黄河流域一处十分重要的新石器时代聚落遗址,距今7800年至4800年,是国家"十一五"和"十二五"期间大遗址保护重点项目。它的发现为我国泾渭流域乃至黄河流域新石器时代文化的考古分期建立了可靠坐标,也给长期难以解决的半坡、庙底沟等原始文化间相互关系的研究提供了有力佐证,对于建立黄河上游史前文化序列、研究黄河流域新石器文化的产生、发展及探索中华文明起源的历史进程具有十分重要的意义。

王东红、程江芬要求,各相关乡镇和部门要进一步增强责任意识、大局意识,理清工作思路,把大地湾国家考古遗址公园建设作为当前及今后一个时期的重点工作;要把大地湾遗址相关的村庄环境整治、东部一川建设与百里生态文化长廊建设结合起来,与当地发展生产、改善群众生活紧密地结合起来,逐步完善以道路交通、服务中心等为主的基础设施建设,为考古遗址公园建设创造良好条件;各相关乡镇和部门要进一步加强协作、形成合力,积极争取省上项目的支持,充分利用多种手段和途径对其进行保护、传承、创新和发展,确保大地湾国家考古遗址公园建设工作顺利进行;要充分发挥大地湾文化旅游资源优势,加大招商引资力度,争取在重大项目引进建设上有新突破,使大地湾国家考古遗址公园成为甘肃的特色文化品牌和重要旅游基地,推动全县文化旅游繁荣发展。同时,王东红、程江芬就国家考古遗址公园建设工作做了安排部署。

秦安县委外宣办

2014 年 2 月 8 日

秦安县召开《大地湾文化旅游产业园概念规划设计》征求意见会

王少芳

2月19日下午,秦安县召开《大地湾文化旅游产业园概念规划设计》征求意见会。县委书记王东红,县委副书记、县长程江芬,县委常委、宣传部长李爱仙,县政府副县长罗增芳、裴子会及相关部门负责人参加了会议。

会议由县委书记王东红主持。会上,市城乡设计院就大地湾文化旅游产业园概念规划方案做了详细的展示和说明。与会领导和相关部门负责人围绕规划的内容、设计思路等方面进行了座谈发言,并就大地湾文化产业园总体规划方案提出了具体的意见和建议。

王东红、程江芬指出,设计部门应对现状进一步深入调查,加强与华夏文明传承创新示范区、丝绸之路经济带等宏观政策背景的衔接,要对大地湾文化旅游产业园合理定位,要充分了解大地湾的文化底蕴,在进一步挖掘大地湾文化深刻内涵的基础上进行规划设计。规划要与清水河流域实际相结合,与大地湾国家考古遗址公园总规有效衔接,打破清水河流域三乡镇行政区划界限,紧扣清水河流域"两山夹一川""两山夹一河"地形特征，重点沿河做好设计。要进一步论证项目的可行性，估算好具体的产业支撑、产业链以及经济支撑，使文化产业园能够产生一定的社会效益、经济效益、生态效益。规划要以文化旅游产业为主，重点要规划好道路、水系、农田以及产生效益的特色产业，注重经济效益；要以生态建设为主，主要以产业园的建设提升秦安在周边地区的品位和影响力，注重生态效益；要以大地湾文化博物馆、文化展示、遗址公园为主，注重社会效益。要按照科学论证、重点突破的思路，对规划设计方案展开深入研究，在规划完善过程中要广泛征求社会各界的意见建议，集思广益，群策群力，将其打造成一个以展现大地湾文化魅力为主，集休闲、娱乐、参观、消费为一体的主题产业园。要将女娲文化、三国文化、民俗文化与大地湾文化有机结合起来，以大地湾文化为载体，以园区建设带动文化产业发展，以文化产业发展带动秦安经济社会转型跨越。

秦安县委外宣办
2014 年 2 月 20 日

秦安县召开大地湾国家考古遗址公园规划征求意见会

汪敏刚

为了进一步完善《大地湾国家考古遗址公园规划》，更加符合当地经济社会的发展，3月6日，秦安县召开大地湾国家考古遗址公园规划征求意见会，就规划设计方案内容广泛征求了市、县各相关单位的意见和建议。

甘肃省文物局副局长肖学智，中国建筑设计研究院副研究员蔡超，规划师韩真元、郭辛欣、唐薇，天水市副市长张建杰，政府副秘书长张有信，秦安县委书记王东红，县委副书记、县长程江芬，县委常委、常务副县长任佩光，县委常委、宣传部长李爱仙，县人大常委会副主任刘小秦，副县长罗增芳，县政协副主席马振寰，及市、县规划局、发改局、建设局、交通局、国土局等相关单位负责人参加了会议。

甘肃省文物局副局长肖学智主持会议并做了讲话。会上，中国建筑设计研究院副研究员蔡超对《大地湾国家考古遗址公园规划（初稿）》的基本情况、功能定位等情况作了详细介绍。各相关部门、单位就该项目规划建设进行了讨论，并就项目规划体系、功能定位、产业发展、生态保护、土地使用、水量水质、交通支撑、设施建设等提出了具体建议和意见。

肖学智指出，大地湾国家考古遗址公园建设是甘肃文化遗产保护理念与实践的一次大提升，是探索遗产保护与区域经济社会发展良性互动的一次大跨越，同时也是打造华夏历史文明传承创新区的有效载体和重要支柱，建设大地湾国家考古遗址公园意义重大。肖学智要求，各有关部门配合规划设计单位做好规划设计，要根据单位自身实际，积极向上级争取资金补助，加快湿地公园建设。设计单位要进行现场勘探，详细做好测量，整合现有资源，将公园的规划与现有村庄、山体、水体相结合，形成自然村落，进一步修改完善规划，明确功能分区、定位；要更加突出遗产的保护和开发，做足生态文章，实现更加科学的发展，争取更多的政策和机制支持；要突出旅游功能，围绕特色做文章，精心打造彰显特色的脉络主线，充分发挥其对文化旅游业的促进作用；要按照科学论证、重点突破的思路，对规划设计方案展开深入研究，对确定的核心区和核心景点率先启动建设；充分挖掘大地湾国家考古遗址公园的独特性，有效利用好现有的自然资源和条件，将考古遗址公园建设成一个集遗址保护、教育科普、文化展示、休闲旅游等多功能为一体的国家考古遗址公园。

张建杰要求，要统筹好《规划》与甘肃华夏文明传承创新区总体方案、丝绸之路经济带甘肃段大景区规划、天水市旅游大景区建设规划、天水市文化与旅游深度融合发展区规划、土地利用总体规划、交通远景规划、城市总体规划等各项规划，为项目落地提供要素支撑；各部门要强化服务意识，主动对接规划编制单位，对规划内容再分析再研究，进一步完善充实规划内容，不断提高规划质量；规划设计单位要根据大家的建议意见调整规划，找准定位，合理布局；处理好保护与开发的关系，希望设计方把《规划》和遗址公园建设紧密结合，依托大

地湾国家考古遗址公园建设的平台，带动大地湾遗址的保护与开发，带动当地文化旅游及全县第三产业大发展；在规划完善过程中要广泛征求社会各界的意见建议，集思广益、群策群力，赢得广大群众的支持和参与。

程江芬说，《大地湾国家考古遗址公园规划》对科学、有效、规范保护文化遗产将起到十分重要的指导作用，是大地湾国家考古遗址公园建设的前提和基础，要明确国家考古遗址公园定位，发挥比较优势，勾画好长远发展前景，增强吸引力和凝聚力；要切实增强《规划》的可操作性，结合遗址保护和开发，融入构建经济支撑有力、基础设施完善、服务功能健全、人居环境优美的规划体系；要把秦安的传统文化元素融入《规划》中，实现大地湾史前文化与传统文化的有机衔接，打造特色，使大地湾国家考古遗址公园更具生命力，更富有魅力；在设计规划上要紧密结合甘肃华夏文明传承创新区总体方案，把大地湾文化、三国文化和始祖文化有机结合，完美展现出史前文明的发展；要坚持"在保护中开发，在开发中保护"的基本原则，充分借鉴各地在此类工作中好的经验作法，解放思想，创新工作，加快推进全县文化旅游产业健康发展。

秦安县委外宣办
2014年3月6日

灵宝市党政考察团考察秦安"大遗址"保护开发工作

王新庄

3月11日,灵宝市委书记乔长青带领灵宝市党政考察团在秦安县参观考察"大遗址"保护开发工作。秦安县委常委、宣传部长李爱仙,副县长罗增芳及相关部门负责人一同参观考察。

考察团一行先后来到秦安县大地湾博物馆、大地湾原始村落遗址、大地湾F901遗址、陇城镇三国街亭古战场遗址等地,实地参观考察了秦安县在"大遗址"保护开发工作方面的先进经验。他们被大地湾遗址的历史底蕴深深吸引,对大地湾史前遗址博物馆建设由衷赞叹。考察团一行表示,秦安县在推进"大遗址"保护开发方面步子迈得很大,值得学习借鉴,希望今后进一步加强交流学习,实现共同发展。

秦安县历史悠久,文物古迹众多,旅游资源丰富。境内有大地湾遗址、兴国寺、文庙三处全国重点保护单位,还有街亭古战场、女娲祠、明清店铺一条街等文化遗存近百处。当地民间文化绚丽多彩,秦安小曲、陶艺制作、草编工艺等分

别被列入国家、省、市非物质文化遗产保护名录。近年来，秦安县以建设华夏文明传承创新区为契机，以建设特色文化大县和中国历史文化名县为目标，以建设大地湾文化园、女娲文化园、三国文化园、名人民居文化园、民间民俗文化园五大文化园为重点，着力打造特色文化品牌，不断提升发展软实力。先后建成了大地湾遗址史前博物馆和秦安解放纪念馆并免费开放，完成了凤山亮化、西面山体加固，维修了县城上关明清一条街和陇城镇明清一条街，修缮了文庙崇圣祠、乡贤祠和名宦祠，实施了凤山文化生态园、葫芦河生态公园、百里生态文化长廊等建设工程。

秦安县委外宣办

2015 年 3 月 11 日

全国政协副主席马飚到甘肃部分文博单位调研

曹继东

6月23日,全国政协副主席马飚一行在甘肃省政协主席冯健身及天水市各级领导、大地湾博物馆相关领导的陪同下,参观考察了大地湾博物馆。在听取了讲解员的介绍后,马飚副主席不断与陪同人员交流探讨,并对原始先民的智慧表示出由衷的赞叹,对大地湾博物馆的陈列展览给予了高度的评价。

甘肃省文物局
2015年6月29日

张建杰调研秦安教育及文化旅游重点工作

王少芳

4月16日,天水市副市长张建杰带领市教育局、市文化旅游等局负责人一行,对秦安县薄弱校改造及文化旅游重点项目建设工作进行了专题调研。天水市政府副秘书长、外事侨务办公室主任张有信,秦安县委副书记、县长程江芬,县委常委、宣传部长李爱仙,副县长罗增芳参加调研。

当天,张建杰一行先后深入到秦安县郑川小学、大地湾文

化印象酒店、伟智幼儿园、桥南中学、凤山文化生态园等地,实地查看了项目进展情况,并听取了项目进展情况的汇报,就进一步做好项目建设相关工作提出了要求。

张建杰对秦安县今年的教育及文化旅游重点项目建设工作给予了充分肯定。他指出,今年以来,秦安县坚持以学前教育、改薄项目及重点文化旅游项目工作为抓手,紧紧围绕建设,狠抓项目建设工作,各重点项目建设扎实有序推进,有力地促进了全县经济社会的健康快速发展。

就教育工作,张建杰要求,学前教育是甘肃省精准扶贫的重要举措之一,对于解放生产力、提高教育质量有着重要意义。要紧盯各自工作薄弱环节,坚持摒弃消极懈怠思想,化被动工作为主动作为,切实把教育重点项目推进实施工作牢牢抓在手上,落实在行动上,体现在成效上,确保年内按期完成既定任务。要进一步明确工作任务,靠实责任,强化措施,狠抓落实,全力抓好"全面改薄"项目和民生实事幼儿园项目。要进一步明确部门职责,做到事有人干、责有人负,为全县改薄项目顺利实施创造条件,提供指导和支持。要在提高审批环节工作效率、压缩前期手续办理时限上做文章、出措施,进一步优化审批程序,为全面改薄工作营造良好的工作环境。要进一步加大督查力度,及时协调解决项目建设中存在的困难和问题,全力确保薄弱学校改造、民生实事幼儿园建设等教育重点项目的落实。要切实加强项目管理工作,严把质量关口,高标准、高质量推进项目建设,确保按期建成投入使用,早日发挥应有效益。

就文化旅游重点项目建设工作,张建杰指出,文化旅游项目建设对于提升旅游服务能力,促进发展、拉动第三产业有重要意义,项目建设不仅要有"体",更要有"魂",要依托现有的文化资源,深入挖掘文化内涵,精心打造文化品位,各相关部门要按照高起点定位、高标准规划、深层次挖掘的总体要求,将文化传承和旅游观光结合起来,着力在创意、创造、创新上下工夫,依靠自身品牌优势,

精心规划、扎实推进,努力将项目做成精品工程。要切实搞好项目统筹运作,科学规划,扎实推进文化产业项目建设,增强文化服务功能,千方百计搞好运营。要加大景区讲解人员的培训力度,通过"讲"来推介秦安文化,要围绕景区,拉长旅游时间和线路,带动经济效益和社会效益。要切实搞好协调配合,层层落实责任,全力加快项目建设,确保项目如期投入运营,带动和促进全县文化产业快速发展。

秦安县委外宣办
2015 年 4 月 17 日

秦安县委书记王东红对李氏宗祐遗址保护现状进行调研

王庆虎

4月17日,秦安县委书记王东红、县人大常委会主任郭海军、县人大常委会副主任张来禄、县政协副主席马振寰带领相关部门负责人,对李氏宗祐遗址保护现状进行了实地调研。

建于清代(约1905年)的李氏宗祐位于秦安县郭嘉镇朱湾村,宗祐占地面积约249平方米,现存南房,面阔三间,进深两间,土木结构,单檐硬山顶,前出廊,后拆格扇建于廊柱之间,五架梁结构,明间格心为花鸟纹雕刻,两次见椽格交错,绦环板雕有琴、棋、书、画,前檐板透雕植物图案。影壁砖混结构,平面呈雁翅形,分为三部分,上部为墙帽顶,中为影壁心,下部为基座,外观为古建结构,壁顶为单檐歇山顶,上布灰筒瓦,檐下砖雕斗拱及花板,壁心正中浮雕有蝴蝶龙戏牡丹图案,壁边砖砌长方形条,雕有植物纹,内四角浮雕如意纹且彩绘,影壁整体结构严谨,砖雕精美。该宗祐对研究清后期秦安地区家族宗教建筑提供了实物资料,具有一定的历史、艺术价值。

秦安县委外宣办
2015年4月17日

天水市发改委调研大地湾景区开发建设情况

王文芳

6月14日,天水市发改委副主任赵清,天水市文化旅游投资发展有限责任公司总经理王尚荣一行来到秦安县五营镇调研大地湾景区开发建设情况。秦安县委常委、宣传部长徐东明,副县长于剑锋,县发改局、文广局、旅游局、五营镇以及大地湾文管所负责人一同调研。

赵清一行通过实地查看、座谈交流等形式,对大地湾景区的开发建设情况进行了详细调研。调研组认为,大地湾遗址是中华文明的重要发祥地之一,有着8000年的历史,也是我省华夏文明创新区建设的重要内容,因此,加强大地湾景区的建设具有十分重要的意义。

调研组要求,要充分发挥大地湾文化旅游资源优势,抢抓丝绸之路经济带建设和华夏文明传承创新区建设的重大机遇,将大地湾景区建设成为甘肃的特色文化品牌和重要旅游基地;要强化工作协调,加强相关单位之间的沟通和衔接,积极配合争取甘肃丝绸之路经济带文化传承与创新项目;要把大地湾景区

的建设与当地发展生产、改善群众生活紧密结合起来,逐步完善以道路交通、游客服务中心等为主的基础设施和旅游服务功能项目建设,积极带动所在地及周边区域相关服务业和文化旅游产业乃至经济社会发展,提高人民群众收入水平,真正做好保护传承和创新发展这篇大文章。

秦安县委外宣办
2016 年 6 月 14 日

有关专家考察大地湾出土的计量器具

近日,西北国家计量测试中心、甘肃省计量研究院专家组对秦安大地湾遗址出土的古老计量器具进行考察研究。

大地湾遗址是中国西北地区考古发现中最早的新石器文化,可追溯到8000年前,出土的文物对探索中华文明起源的历史进程具有十分重要意义。专家组一行实地观摩了大地湾出土的古老计量器具,对其准确度赞不绝口,认为这些古老计量器具极有可能改变人类计量的演变历史。此外,专家组对一些出土计量器具的使用方法进行了讨论研究。

这些古老的计量器具蕴含着丰富的含义,有些还是未解之谜,专家组尽可能多地收集了相关资料,表示要深入钻研,进一步推动大地湾遗址出土的计量器具研究工作。

天水市质监局
2016 年 7 月 29 日

大地湾考古成果展在跨湖桥遗址博物馆举办

陈敏　王静怡

停泊在跨湖桥遗址博物馆里的8000年前的一叶独木舟迎来了一群远方的客人,那就是甘肃大地湾遗址出土的彩陶、石器、骨器、玉器等遗物,古老器具周身环绕的神秘气息让人感动,不禁期待它们会进行怎样的无声交流。

11月15日,第七届中国国际(萧山)跨湖桥文化节启幕,中国彩陶文化论坛暨"遥远的对话"——大地湾考古成果展开幕式在跨湖桥遗址博物馆举行,为浙江和甘肃两省在史前考古、遗址保护等方面工作的交流和合作搭建起一座友好的桥梁。

此次活动由杭州市萧山区人民政府、浙江省文物考古研究所、中国博物馆学会史前专业委员会主办。浙江省文物局局长柳河,甘肃省文物局局长马玉萍,萧山区区委常委、宣传部部长赵文虎,区委常委、副区长何波等领导,以及近80位文博界的专家学者参加了开幕式。

在下午的中国彩陶文化论坛上,11位专家以"彩陶的保护研究及在

人类文明史中的地位和价值"为主题,围绕跨湖桥文化彩陶的特征及工艺、大地湾文化彩陶特征和工艺、中国早期彩陶的比较研究、中国南方史前彩陶的渊源及文化影响、彩陶的保护技术研究等专题展开了精彩讨论。

记者从跨湖桥遗址博物馆了解到,大地湾考古成果展将持续到12月31日,所展文物再现了大地湾先民的生产生活和人类文明的进步所取得的辉煌成就,感兴趣的市民可前往参观。

萧山网
2016年11月15日

甘肃省文化厅调研世行贷款大地湾文化产业园建设工作

王少芳

1月15日下午,甘肃省文化厅副巡视员王春生,中鼎纪元(北京)国际工程有限公司副总经理许进、技术总监杨勇华一行,对秦安县世行贷款大地湾文化产业园建设项目进行了调研。秦安县委常委、宣传部长徐东明及县文广局等相关部门负责人参加了调研活动。

调研组一行实际调研和考察了秦安县大地湾遗址博物馆、大地湾原始村落遗址、陇城镇女娲祠等地。通过实地考察,调研组指出,大地湾遗址是中华文明的重要发祥地之一,有着8000年的历史,也是甘肃省华夏文明创新区建设的重要内容,因此,加强大地湾景区的建设具有十分重要的意义。调研组希望,秦安县要充分发挥大地湾文化旅游资源优势,抢抓丝绸之路经济带建设和华夏文明传承创新区建设的重大机遇,将大地湾文化产业园建设成为全省的特色文化品牌和重要旅游基地,带动大地湾遗址的保护与开发,加快推进全县文化旅游产业健康发展。

大地湾遗址景区旅游基础设施建设项目是甘肃省发改委确定重点世行贷款项目。该项目是世行贷款甘肃丝绸之路经济带文化传承与创新建设的重大项目之一。按照省市发改委的要求，秦安县拟定了《秦安县大地湾遗址景区旅游基础设施项目建设方案》，《方案》结合大地湾国家考古遗址公园建设，以大地湾遗址为核心，兼顾女娲文化、三国文化和民俗文化开发，着力打造五营镇为大地湾文化展示基地，建设中国历史文化名镇陇城镇为女娲文化、三国文化展示基地，打造莲花镇为商贸物流园和红色爱国主义教育基地。按照建设集学术研究、休闲娱乐、文化展示、旅游度假为一体的大地湾遗址大景区为原则，项目范围涉及莲花、五营、陇城三乡镇。

秦安县委外宣办
2017 年 1 月 16 日

甘肃大地湾遗址整建制移交天水市管理

仇 健

1月22日上午,甘肃省文物局和天水市政府在天水市举行甘肃大地湾文物保护研究所移交仪式,将甘肃省文化厅文物局直属管理的甘肃大地湾文物保护研究所整建制移交给天水市政府,由天水市文化和旅游局直属管理。甘肃省文物局局长马玉萍、天水市副市长张建杰出席移交仪式并讲话,甘肃省文物局副局长肖学智及相关处室负责人,天水市编办、财政、文化、文物等部门,秦安县政府、有关部门和甘肃大地湾文物保护研究所负责同志参加移交仪式。

马玉萍局长在讲话中强调了将大地湾遗址保护管理机构移交地方管理的慎重决定和重大意义,全面介绍了大地湾遗址的保护、管理、研究、展示、服务等方面的工作情况,以及甘肃大地湾文物保护研究所的人、财、物状况。她指出,大地湾遗址是迄今为止在甘肃省发现时代最早、最重要的新石器时期大型聚落遗址,是20世纪中国百项重大考古发现之一,取得了我国考古领域中的多个"之最",是甘肃省"华夏文明八千年"的代表性和支撑性文化遗存。多年来,甘肃省文化厅、省文物局指导大地湾文物保护研究所严格按照文物保护法的要求,坚持规划先行、基础优先、协调推进、整体提升的原则,全面加强大地湾遗址的

保护管理，有序推动展示利用，取得明显成效，在华夏文明传承创新区建设中的重要作用日益凸显。她强调，将大地湾文物保护研究所整建制移交天水市管理，是着眼大地湾遗址保护管理和展示弘扬工作更好更快发展，特别是在国家考古公园建设中更好统筹考虑处于遗址范围内的村镇建设及村民生活，落实省委省政府建设华夏文明传承创新区战略决策的实际行动，必将对以陇东南为重点的历史文化区建设产生积极而深远的影响。她指出，当前和今后一个时期的重点任务是在完善大地湾遗址安全责任体系、确保遗址安全的基础上，按照规划积极推动大地湾国家考古遗址公园建设，妥善处理遗址保护、价值展示与科普教育、旅游发展、民生改善等各方面的关系，抓好质量和进度控制，力争早日建成并投入运行，尽早发挥综合效益。

张建杰副市长在讲话中指出，此次甘肃大地湾文物保护研究所的移交，是甘肃省加快建设华夏文明传承创新区的重大决策，是甘肃省文物局支持天水文物事业发展的重要举措。他要求，各相关部门要按照各自的职责，积极沟通衔接，主动对接，主动服务，保证做到无缝对接，确保按照要求的时限顺利完成各项工作任务。移交之后，天水市市直部门要进一步加强管理工作，保持工作的延续性，继续落实好正在进行和将要开展的文保项目，跟踪落实甘肃省文物局安排的各项具体事宜，支持大地湾文物保护研究所的各项工作，保护管理好大地湾遗址、传承弘扬好大地湾文化，为天水市文化旅游业的发展做出积极贡献。他强调，安全是文物保护工作的核心，文物安全责任重于泰山。春节将至，各相关部门和秦安县要落实文物安全属地化管理制度，强化节日期间值班力量，特别是要落实主体责任，切实增强安全意识，严格落实各项文物安全措施，通过人防、物防、技防多种手段加强文物安全，发现问题及时整改到位，全面排查消除安全隐患。

移交仪式上，天水市编办主任牟建林宣读了甘肃省机构编制委员会《关于调整甘肃麦积山石窟艺术研究所等隶属关系的通知》和甘肃省机构编制委员会办公室《关于调整甘肃大地湾文物保护研究所隶属关系和机构编制的通知》。甘肃省文物局副局长肖学智和天水市文化和旅游局局长仙松涛代表双方在移交清单上签字。

国家文物局网站
2017 年 1 月 26 日

张建杰赴秦安县大地湾文保所调研

徐 媛

3月6日,天水市副市长张建杰带领相关部门负责人前往大地湾文物保护研究所,就工作交接、文物保护、项目实施等工作进行调研。

在调研汇报会上,天水市文化旅游局详细汇报了大地湾文物保护研究所各项工作的进展情况,张建杰就工作交接、文物保护、项目实施等工作进行了具体安排部署。

张建杰强调,将大地湾文物保护研究所由甘肃省文物局整体移交天水市管理,是甘肃省委、省政府立足全省文物工作实际、深化文化体制改革做出的重大决策,天水市委、市政府对此高度重视。天水市文化旅游局要积极沟通,主动对接,加快进度,确保顺利完成各项工作交接。天水市直相关部门要加强指导,主动配合,积极支持,为交接工作做好保障。

张建杰要求,大地湾文物保护研究所要保持工作延续性,规范内部管理,加快重点项目推进,确保各项业务工作有序开展。要加强文物安全管理,落实各项文物安全措施,增强安全意识,靠实工作责任,确保不出问题。要强化上下衔接,争取工作支持,努力推动大地湾遗址保护管理工作再上新台阶。

天水市人民政府网
2017年3月17日

仙松涛调研大地湾考古遗址公园建设情况

汪敏刚

5月5日,天水市文化和旅游局局长仙松涛一行在秦安就大地湾考古遗址公园建设进行调研,县委常委、宣传部长徐东明一同调研。

仙松涛一行先后来到大地湾博物馆和F901保护大厅建设现场,通过实地查看、听取汇报等方式,详细了解了大地湾博物馆维修加固、文物保护、项目建设进展情况,并就后续工作提出了明确要求和指导性意见。

仙松涛强调,大地湾遗址历史久远,文物价值极高,相关单位要抢抓丝绸之路经济带建设和华夏文明传承创新区建设的重大机遇,把文物保护利用与文化旅游开发紧密结合起来,以祖脉文化为主线,推动文化旅游产业深度融合发展。要积极实施好大地湾F901遗址保护展示项目,争取尽快竣工,投入使用,着力做好大地湾博物馆外墙改造工程、大地湾文物保护研究所业务用房建设、大地湾F901遗址护坡工程等项目的前期工作。要着力提升遗址保护展示项目整体水平,规范内部管理,加快项目推进,强化上下衔接,争取工作支持,努力推动大地湾遗址保护管理工作再上新台阶。要围绕大地湾文化做好当地的旅游开发,尽快完善以道路交通、游客服务中心等为主的基础设施和旅游服务功能项目建设,为旅游发展打好基础。同时,积极调整产业结构,大力发展以文化旅游为龙头的第三产业,带动当地老百姓通过旅游致富。

秦安县委外宣办
2017年5月6日

秦安县领导督查指导女娲公祭典礼筹备工作

徐军虎

5月25日下午,秦安县委常委、宣传部部长徐东明,副县长于剑锋带领县委宣传部、县文广局等相关单位和部门负责人,对2017(丁酉)年公祭中华人文始祖女娲典礼相关筹备工作进行了督查指导。

徐东明一行先后来到大地湾印象酒店、县职校、古筝培训班等地,查看了会议室布置、乐舞和古筝排练情况,详细了解了各项筹备工作。在检查中,徐东明一行还为演职人员送去了遮阳帽。

徐东明指出,女娲公祭典礼活动的举办对于打造秦安祭祖文化品牌,提升秦安"羲里娲乡"这一知名度将具有积极的推动作用。各参演人员肩负着宣传推介秦安的重大责任,因此一定要严格按照编导要求,精益求精,全力推进各项排练工作,力争

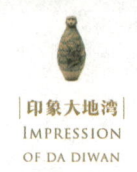

达到最佳的演出效果。

　　徐东明强调,当前任务重、时间紧,各相关单位必须进一步增强工作的紧迫感和责任感,集中力量,振奋精神,把女娲公祭典礼的各项工作做细做实。全体演职人员要继续保持良好的状态,高标准、严要求,进一步提高节目质量,使文艺节目充分体现鲜明的特色和深厚的文化内涵,让社会各界人士都感受到秦安的文化魅力和人民群众良好的精神风貌。

秦安县委外宣办
2017 年 5 月 26 日

北科大专家考察秦安文化遗产保护

辛晓强

据秦安县政府网消息，6月7日至8日，在"中国•秦安2017（丁酉）年祭祀中华人文始祖女娲典礼暨文化旅游节"举办之际，北京科技大学科技史与文化遗产研究院院长、教授、博士生导师潜伟，北京大学中文系博士、复旦大学中文系博士后、北京科技大学文法学院艺术教育中心副教授、硕士生导师、中国民主促进会会员张梅，北京科技大学科技史与文化遗产研究院讲师刘思然，北京科技大学科技史与文化遗产研究院讲师Brett Kaufman一行就文化遗产保护利用工作进行了考察。秦安县副县长吴豪伟，县文广局、文物局负责人陪同考察。

历史文化团一行先后来到秦安县博物馆、文庙、报纸博物馆、泰山庙、大地湾原始村落遗址、大地湾博物馆、女娲祠等地，实地走访，参观考察秦安县文化遗产保护利用工作。

在五营镇大地湾，专家们一行先后走进大地湾博物馆、大地湾原始村落遗址，听讲解、看展览、观遗址，详细了解了大地湾考古的成果及西北地区乃至全国丰富多彩的史前文化，进一步认知中华文明孕育的过程，感悟秦安历史的悠久和大地湾先民们

的创造力。

在陇城镇女娲祠,专家们聆听了女娲抟泥土造人形、炼彩石补苍天,创婚嫁、造笙簧等脍炙人口的传说,详细了解了女娲祭祀仪式以及与秦安的历史渊源。

在随后召开的北科大助力秦安文化遗产保护与利用座谈会上,县文物局、规划局、博物馆、文化馆、县志办、五营镇、陇城镇负责人围绕文化遗产保护规划、保护措施及文化旅游开发利用情况做了汇报发言;北科大专家在对秦安文化遗产考察的基础上,分别作了学术性交流发言,提出了关于文化遗产保护与利用工作具有针对性、指导性的意见和建议。

下一步,将加强秦安县与北科大在文化遗产领域的交流合作,在大地湾文化、女娲文化、三国文化和民俗文化宣传,文化遗产保护传承基地建设,文化遗产保护与利用技术支持等方面开展相关内容的建设。有效推进我县文化遗产保护与合理利用,继承和弘扬中华优秀传统文化,建设优秀传统文化传承体系,打造"祖脉文化"旅游品牌,推动秦安县文化事业发展再上新水平。

天水网
2017 年 6 月 9 日

秦安四大组织领导检查女娲祭祀典礼乐舞排练工作

汪敏刚

6月15日,秦安县委书记王东红,县人大常委会主任郭海军,县政协主席杨仁义,县委常委、宣传部部长徐东明,县委常委、政法委书记杨喜春,县委常委、统战部部长扇忠瑜,县委常委、兴国镇党委书记王明,副县长于剑锋深入县职校,观看指导女娲祭祀典礼《乐舞告祭》的排练情况。

王东红强调,距女娲祭祀典礼还有5天时间,各相关单位要切实增强工作紧迫感和责任感,加快进度,强化措施,靠实责任,全力做好各项筹备工作。他说,《乐舞告祭》作为女娲祭祀典礼的一项重要仪程,对于烘托现场气氛,营造典礼庄严、肃穆的氛围,具有十分重要的作用,无论是编排理念、舞蹈构思、舞台布局,还是声势营造,都要与祭祀典礼庄严肃穆的整体氛围相一致。《乐舞告祭》要做到气势恢宏、礼制规范、乐舞相彰,体现高品位的人文内涵和高品格的艺术形态。演职人员要以饱满的精神状态,怀着对人文始祖女娲的敬仰尊崇之情,全身心投入表演,以乐舞形式传递女娲文化的真谛。要高标准、严要求,充分体现乐舞祭祀的特点和基本要求,力求《乐舞告祭》能够完美演出。

据介绍,《乐舞告祭》取材突出地域文化特色,体现了浓郁的大地湾文化元素。《乐舞告祭》为一部精编原创歌舞,分为《娲皇风》《娲皇祭》《娲皇颂》三个篇章,为单舞单歌联珠结构。演员们的演出服装主要以黑、红、黄为主,服装设计上以汉唐风格为主,糅合大地湾文化元素。仪仗队的服装帽子主要以黑色为主,表现了祭祀文化传统礼仪神圣、神秘的感觉。

秦安县委外宣办
2017年6月15日

甘肃省政府办公厅检查大地湾文物安全保护工作

南江龙

　　6月16日上午,甘肃省政府副秘书长迟润林、省文物局副局长肖学智、省政府办公厅秘书八处处长孙敏一行检查大地湾遗址文物安全保护工作。天水市文物局局长王国庆,秦安县委常委、纪委书记李爱仙,副县长王玉安及县文广局、文物局负责人一同检查。

　　检查组指出,文物是不可再生的珍贵文化遗产,在传承历史文明、弘扬优秀传统文化、服务经济社会等方面,发挥着不可替代的重要作用,是展示历史底蕴的重要"名片",是不可再生的宝贵资源。检查组要求,要

始终将文物安全工作放在首要位置,时刻树立安全意识、责任意识,不断加强文物单位人防、物防、技防等条件,切实增强安全防范能力;要加大对《文物保护法》的普法宣传力度,提高全民文物保护意识,自觉参与和支持文物保护工作;修缮保护工作要按照文物保护的专业要求,尽量保持原有风格,确保其真实性和完整性;要将保护建设和开发利用相结合,突出重点、打造亮点,深入挖掘文物内涵,形成独具特色的文化资源。

据悉,为迎接伏羲文化旅游节的到来,大地湾文保所更换周边路灯20杆180多只,同时加强了文物安全保护,开展了道路修整、垃圾清理、杂草清除、花卉修剪等卫生环境治理工作,更新了宣传标语,营造了良好的宣传氛围。

秦安县政府办公室
2017年6月16日

秦安2017（丁酉）年祭祀女娲典礼隆重举行

6月21日上午，秦安县陇城镇女娲广场旗幡飘飘，钟鼓巍巍，气势恢宏；女娲祠内翠柏掩映，雅乐悠扬，庄严肃穆。由秦安县人民政府主办，秦安县文化广播影视局、陇城镇人民政府承办的中国·秦安2017（丁酉）年祭祀中华人文始祖女娲典礼在这里隆重举行。

秦安古称成纪，是中华民族重要的发祥地之一，相传为女娲出生地，自古以来就有"娲皇故里"的美称。近年来，全县以"同宗共祭，传承创新"为主题，以宣传秦安县传统文化优势、旅游资源优势为载体，积极打造华人寻根祭祖圣地，为促进经济文化融合发展，推动全面建成小康社会凝聚了力量。

华人华侨代表蔡献伦、任瑜杰、常嘉煌；中央人民政府驻香港特别行政区联络办公室管颂时；港、澳嘉宾；李膺、窦述、赵拴龙、张臣刚、杨耀春、石新贵等甘肃省离退休老干部；秦安籍地厅级领导干部代表；天水市四大组织领导；天水市离退休老干部；秦安县战略合作协议、国家对口帮扶单位嘉宾；秦安县文化交流友好县区代表；天水市两区四县领导；秦安县四大组织在家领导；天水市市直部门负责人；祭祀活动赞助企业；《娲皇颂》词曲作者、演唱者，《中华文化从秦安走来》摄制组代表；秦安县省党代会代表、省人大代表、先进模范人物、青少年代表，媒体记者及秦安县各界群众代表等参加了女娲祭祀典礼。

女娲祭祀典礼由秦安县政协主席杨仁义主持。上午9时50分，天水市人大常委会主任王光庆宣布2017中国·秦安2017（丁酉）年祭祀中华人文始祖女娲典礼暨文化旅游节开始。顿时，现场礼乐高奏，击鼓鸣钟。击鼓34咚，象征全国34个省、市、自治区及香港、澳门特别行政区和台湾地区中华儿女共祭女娲。鸣钟9响，代表了中华民族传统最高礼数。

心怀虔诚崇敬之情，秦安县委副书记、县长程江芬面朝女娲圣像方向恭读祭文，颂扬女娲功德，表达娲皇儿女继往开来之志，祈愿伟大祖国繁荣昌盛。祭

文恭读毕，全体来宾面朝女娲塑像鞠躬敬祭，行三鞠躬礼。随后乐舞告祭开始。祭祀乐舞的取材突出地域文化特色，体现浓郁的成纪文化元素，分为《娲皇风》《娲皇祭》《娲皇颂》三个篇章。

雄浑庄严的音乐响起，只见一群穿着原始草木裙装的舞者怀抱大地湾彩陶，趋步前行，寻觅原始部落首领，在刀耕火种、狩猎狂欢的音乐中，一位女性逐渐走进了族群，传授耕作、定制章序，后来她被族人高高举起，成为部落首领，她就是人类始祖女娲。在一片安静祥和的音乐声中，女娲带着两个孩童走下了舞台，人类的文明历史翻开了新的篇章。

祭祀典礼由《甘肃日报》《甘肃经济日报》《兰州晨报》《天水日报》《天水晚报》、天水电视台、人民网、新华网、中新网、中国甘肃网、天水在线、天天天水网、天水广电网以及秦安县政府网、天水秦安发布等中央、省、市、县几十家媒体进行了报道。

天水在线

2017 年 6 月 21 日

北科大在秦安县大地湾遗址成立科考基地

于振华

9月3日下午,北京科技大学科技考古与文物保护教学实习基地在秦安县大地湾博物馆揭牌成立,该校将利用科技考古资源优势帮助秦安县开展考古活动。北科大党委书记武贵龙、党委副书记权良柱、天水市文旅局局长仙松涛、秦安县委书记王东红共同为该基地揭牌。县委副书记、县长程江芬主持揭牌仪式。北科大帮扶团成员、秦安县四大组织相关领导等参加揭牌仪式。

北京科技大学科技史与文化遗产研究院院长潜伟在接受记者采访时透露,秦安县是该校对口支援扶贫县,双方合作将深入挖掘和保护8000年前的大地湾历史文化遗产的价值,对其已经发现的文字雏形、宫殿式建筑、彩陶、农作物标本、绘画、混凝土地面进行系统调查研究。

此外,北京科技大学将秦安县大地湾作为该校科学技术史专业、文物与博

北京科技大学党委书记武贵龙、副书记权良柱、天水市文广局局长仙松涛、中共秦安县委书记王东红为该基地揭牌。

合作双方召开秦安大地湾文化与科技国际学术研讨会筹备会

物馆专业的教学实习基地，组织师生利用无人飞机进行山地扫描，对大地湾遗址出土文物进行教学实习和调查研究。2018年上半年，双方还将筹备召开"大地湾文化与科技学术研讨会"，深入探讨大地湾遗址文物的学术价值。

在当天举行的揭牌仪式上，北京科技大学党委书记武贵龙、副书记权良柱、天水市文广局局长仙松涛、中共秦安县委书记王东红为该基地揭牌，秦安县县长程江芬主持了此次揭牌仪式。

千龙网
2017年9月3日

中国彩陶文化论坛暨"遥远的对话——大地湾考古成果特展"开幕

2016年11月15日,中国彩陶文化论坛暨"遥远的对话——大地湾考古成果特展"在跨湖桥遗址博物馆举行了隆重的开幕仪式。此次活动由浙江省文物考古研究所、中国博物馆学会史前专业委员会、杭州市萧山区人民政府主办,杭州市萧山跨湖桥遗址博物馆和甘肃大地湾文物保护研究所执行承办。开幕式由萧山区文化广电新闻出版局局长董茶仙主持,区委常委、副区长何波致欢迎辞,中国博协史前专业委员会秘书长何周德、甘肃省文物局局长马玉萍和浙江省文物局局长柳河分别讲话,区委常委、宣传部长赵文虎宣布开幕。来自全国各地的文物考古发掘、博物馆研究等方面的专家学者和社会各界代表参加了此次开幕盛典。

大地湾遗址是我国新石器时期重要的聚落遗址。经过历年考古发掘,揭露遗存丰富,出土了大量珍贵文物,据碳14年代测定上限距今约8000年,1988年被国务院公布为全国重点文物保护单位。而位于2000公里外的跨湖桥遗址在发掘之初,也出土了大量陶片,最具代表性的是太阳纹彩陶。跨湖桥遗址和大地湾遗址相距近2000公里,分属长江和黄河流域,为不同的考古学文化类型,在距今8000至7000年前的同一时期,南北两地出现同样精美且地域特色分明的彩陶,令人匪夷所思。

此次跨湖桥文化节的召开,旨在进一步加强跨湖桥文化的研究和宣传,深入挖掘遗址文化内涵,促进浙江和甘肃在史前考古、遗址保护等方面工作的交流和合作,弘扬史前彩陶文化,促进早期彩陶南北文化的研究和交流。研讨会围绕彩陶的保护、研究及在人类文明史中的地位和价值展开,各个研究领域的专家学者们分别就跨湖桥遗址、大地湾遗址彩陶的特征及工艺、中国早期彩陶的比较研究、中国南方史前彩陶的源流及文化影响和彩陶的保护技术研究等方面进行深入的研究和探讨。

跨湖桥遗址博物馆作为专题史前遗址博物馆,自开馆以来一直致力于跨湖

桥文化的宣传、展示、研究工作。连续六届跨湖桥文化节的成功举办,已经引得了国际、国内专家的普遍重视,逐步搭建起了国内外多学科领域共同参与研究跨湖桥文化的平台。本次研讨会的成功举办,是中国的史前彩陶文化研究的一次盛会。

"遥远的对话——大地湾考古成果特展"在跨湖桥遗址博物馆一楼展厅展出,展出时间截至12月31日。

杭州博物馆联盟

2017年9月5日

大地湾文化与科技国际学术研讨会将于2018年5月在秦安举办

冯喜成

为充分深入挖掘大地湾文化的历史、艺术和科学价值,提升大地湾文化在海内外的影响力,加快华夏文明传承创新区建设,经秦安县人民政府、北京科技大学倡议,甘肃省文物局、天水市人民政府研究同意,将于2018年5月在甘肃省天水市秦安县举办"2018年大地湾文化与科技国际学术研讨会"。

首届国际学术研讨会将以"文化与科技——认识大地湾"为主题,从大地湾遗址的考古发掘、大地湾彩陶文化的考古学研究、大地湾遗址和出土遗物的科技考古、大地湾遗址价值认知和保护等几个方面开展专题讨论,对大地湾遗址及出土遗物进行多学科交叉研究,从考古学、科技考古、文物保护、博物馆学等多角度论证其价值,进一步提高秦安大地湾文化遗产的价值认知度,充分展示宣传,为开发秦安文化旅游资源搭建平台。

会议由天水市人民政府、甘肃省文物局主办,天水市文化和旅游局、秦安县人民政府承办,北京科技大学科技史与文化遗产研究院、甘肃省文物考古研究

所协办。届时,研讨会将邀请美国哈佛大学、美国加州大学、英国牛津大学、英国剑桥大学李约瑟研究所和中国社会科学院、北京大学、北京科技大学、兰州大学、甘肃文物考古研究所等国内外知名的专家学者云集秦安,深入挖掘大地湾的文化内涵。

　　大地湾文化是华夏先民在黄河流域创造的古老文明,是华夏文明的来源之一。大地湾遗址位于甘肃省秦安县东北45公里处的五营镇邵店村东侧,是我国一处重要的史前遗址,也是我国新石器时期年代最早、历时最长、层次最完好的古遗址,是华夏文明传承创新区建设的重要内容。遗址发现于1958年,分布面积275万平方米,距今约7800至4800年,1978年至1984年间进行了连续7年的考古发掘,1995年又进行了补充发掘,发掘面积共计14752平方米。遗址内容涵盖原始建筑、绘画艺术、农业起源、文字和宗教多个方面,被誉为"中国二十世纪百项考古重大发现"之一。已出土陶、石、玉、骨、角、蚌器等文物近万件,其中国家级珍贵文物300多件。丰富的彩陶文化具有承上启下、对接东西的重要意义,建筑、制陶、农业、文字等遗存也具有很高的学术研究价值。现为全国重点文物保护单位,列入国家大遗址保护专项规划,并批准建设国家考古遗址公园。目前主要实施大地湾遗址考古遗址公园和世行贷款丝绸之路经济带大地湾遗址两个项目的建设。

秦安县政府办公室
2017年9月28日

二、媒体解读

大地湾考古刷新六项"中国之最"

大地湾遗址位于甘肃省东部秦安县五营乡境内的清水河谷及南岸山坡上，分布范围达110万平方米，年代从距今8000年一直延续到距今5000年。经过20多年的发掘和研究，在只占遗址总面积1.34%的地方，获得了一系列重大成果，刷新了六项中国考古之最，对研究华夏文明的起源具有十分重要的意义。

第一是中国最早的旱作农作物标本。大地湾一期文化出土的炭化稷标本，将我国北方旱作农业的起源时间上推了1000年，为距今8000年左右。

第二是中国最早的彩陶。大地湾一期文化出土的三足钵等200多件紫红色彩陶，距今约8000年，将中国彩陶制造的时间上推了1000年。

第三是中国文字最早的雏形。大地湾一期文化出土的陶器上共发现了十几种彩绘符号，其中一些符号与半坡符号基本一样，但比西安半坡陶器刻划符号的时间早了1000多年。

第四是中国最早的宫殿式建筑。距今5000年的大地湾四期文化一座编号为"F901"的建筑，总面积420平方米，布局规整，中轴对称，主次分明。

第五是中国最早的"混凝土"地面。"F901"宫殿式建筑主室，全部为料礓石和砂石混凝而成类似现代水泥的地面。

第六是中国最早的绘画。大地湾编号为"F411"的房址地面上的一幅长约1.2米，宽约1.1米，黑色颜料绘制的画作，比保存至今最早的画作——长沙马王堆的楚国帛画早了2000多年。

《科学时报》
2002年10月22日

华夏文明起源和繁荣发展的重要见证

刘 基

中华民族是多元的，华夏文明是多源的。甘肃是中华民族的文化资源宝库，其文化资源绵延不绝，成为华夏文明起源和繁荣发展的重要见证和典型标志之一。

有关伏羲的神话、传世资料与考古发现的互证为探索华夏文明起源提供了重要线索

伏羲是"人文始祖"，由于有丰富的远古神话和文献记载，伏羲文化作为华夏文明的根文化之说已得到广泛的认可，但仍缺乏考古学上的证据。近年来，甘肃境内有关伏羲文化的神话传说资料和传世文献资料不但得到进一步的梳理，且得到了考古学上的支持。

《周易》《左传》《管子》《战国策》等先秦资料最早提到伏羲，将他视为远古传说中的英雄人物。司马迁写《史记》虽两次提到伏羲，但仍以《五帝本纪》开篇。可见，司马迁依然视伏羲为神话人物。西汉纬书《遁甲开山图》有"伏羲生成纪，徙治陈仓""仇池山四绝孤立，太昊之治，伏羲生处"的记载，第一次将伏羲的出生地界定在成纪与仇池山一带。西晋皇甫谧《帝王世纪》详细考证了三皇五帝的世袭和活动区域，将成纪定在今甘肃东部天水一带。至今，天水一带仍有卦台山（伏羲台）等遗存。

大地湾遗址出土陶器

东汉以来，伏羲的历史人物身份逐渐得到认可。班固《汉书·古今人表》将伏羲列为上上圣人，居炎帝神农、黄帝轩辕之前。梁刘昭注补《后汉书志》引《帝王世纪》所记，肯定了伏羲生地成纪在天水之说。此后，北魏郦道元

《水经注》、唐李吉甫《元和郡县图志》等地理著作都认定这一说法。唐司马贞《三皇本纪》、南宋罗泌《路史》、清马骕《绎史》全面梳理相关史料,从而使伏羲的事迹更加清晰和系统。北宋太平兴国初年,天水一带就有了伏羲庙和祭祀伏羲的记载。1347年,元朝在今天水市西关创建伏羲庙。1516年,明王朝颁布诏令,将秦州(天水)伏羲庙正式确定为人文始祖祭祀地。目前,天水还保存有国内规模最大的伏羲庙。

研究表明,伏羲氏是渔猎时代的代表,相当于新石器时代早中期。1958年,在天水附近发现了大地湾文化遗址。大地湾文化历史年代为距今8000年至5000年,大体与伏羲生活的时代相符。在大地湾及其附近的文化遗址中,不但出土了大量的骨针、纺轮、骨镞、刀、斧等生产生活工具,而且创造了最早的旱作农业标本、宫殿遗迹、文字符号和彩陶等六项考古之最。这些发现使伏羲作易、作八卦、创嫁娶之礼等众多文化贡献得到了考古学上的印证,受到了考古学界的广泛关注。20世纪80年代以来,夏鼐"中国新石器文化七大区域"、张光直"八个相互作用圈"、苏秉琦"六个文化区"等著名论断都将甘青地区古文化或大地湾文化定为重要内容。

20世纪40年代,徐旭生在《中国古史的传说时代》中认为,华夏族的发祥地在陕甘黄土高原一带。目前,有关伏羲的远古传说、历史文献记载及考古发掘结果在时间和空间上的重合及内容上的对接,不但为伏羲活动区域定于甘肃之说提供了非常重要的证据,更为探索华夏文明起源提供了重要线索。

大量的历史文化类型与遗存使华夏文明的内涵不断得到丰富和充实

甘肃疆域狭长,东西跨度大,文化类型在组成系列上丰富多样。按照时代划分,史前时代有伏羲文化、大地湾文化、马家窑文化、齐家文化等。先秦时期有寺洼文化、辛店文化、沙井文化、西戎文化、周秦早期文化等。秦汉以来有三国文化、五凉文化、吐蕃文化、西夏文化等;按照性质来分,则有彩陶文化、青铜文化、边塞文化、丝路文化、敦煌文化、简牍文化、石窟文化、长城文化、黄河文化、特有民族文化、伊斯兰文化、藏传佛教文化、旱作农业文化及以红色文化和以《读者》《丝路花雨》《大梦敦煌》为代表的现代文化等;按照民族成分来讲,则有氐羌文化、大月氏文化、匈奴文化、鲜卑文化、吐蕃文化、党项文化、蒙古文化、伊斯兰文化和藏传佛教文化等。这些文化类型极大地充实了华夏文明的内涵和组成体系。

兼收并蓄,广泛汲取外来文明的营养,是华夏文明灿烂辉煌的重要原因。甘

肃境内文化形态过渡性特征突出,大大丰富了华夏文明的表现形式。佛教石窟艺术源于印度,经过中亚进入我国新疆,再经过甘肃传入内地。在新疆,石窟艺术中的犍陀罗风格很明显。但在甘肃,中原文化的因素明显增多,西王公、东王母等形象进入石窟艺术之中。十六国时,众多的西域高僧来到河西,凉州、敦煌等地成了我国佛经翻译的中心。河西走廊的"凉州石窟"是中国最早见于史册记载的石窟,对云冈石窟、龙门石窟的建造产生了直接影响。在甘肃境内,佛教艺术的中原化进程初步完成。可以说,甘肃是佛教文化中原化的早期摇篮。考古证明,西亚是世界养羊业、养牛业的起源地。到了青铜时代,养羊业、养牛业传到了东亚。商朝养羊业发达,著名的"四羊方尊"就是商代的器物。这一时期,以擅长牧羊而得名的"羌人"生活在甘肃等地。约 4000 年前的甘肃齐家文化层中出土的黄牛骨骼被认为是东亚养牛业发展的典型代表。可见,甘肃一带是世界养羊、养牛业东传过程中最为重要的过渡带。在青铜制造业由西而东的传播过程中,河西走廊的四坝文化和陇中地区的齐家文化是重要的一环。1975 年,东乡县出土的距今约 5000 年前的青铜刀,被考古学界誉为"中华第一刀"。四坝文化、齐家文化中青铜器物带有明显的草原风格,再次反映了华夏文明对外来文明的吸收和消化。

众多重大考古发现成为推动华夏文明研究的强劲动力。考古学是研究华夏文明的重要途径。在中国考古学从诞生至发展壮大的历程中,甘肃境内的许多考古活动具有里程碑意义。这些考古活动在科学研究上的巨大成就,成为推动华夏文明研究的强劲动力。1900 年,敦煌出土了五万多件十六国至宋代文书,敦煌学由此诞生。1920 年,法国古生物学家桑志华在庆阳地区首次发现了中国有正式记录的三件旧石器,甘肃由此成为中国化石人类与旧石器时代文化研究的起源地。1923 年至 1924 年,瑞典地质学家安特生在甘肃、青海等地的考古活动中,发现了马家窑、半山、马厂、辛店、沙井等文化遗址,甘肃彩陶由此被世界关注。1927 年至 1935 年,中瑞西北科学考察团在居延(当时属甘肃张掖)发现一万多枚汉简,简牍学正式问世。1937 年至 1945 年,中国当时最重要的考古活动,都以甘肃为中心展开。正如向达在《西征小记》中描述:"形形色色之考察团,亦如雨后春笋,层出不穷。于是河西一带,游客络绎不绝"。1942 年,西北史地考察团考察了甘肃、宁夏、青海三省。1944 年,西北科学考察团考察了敦煌、武威、临洮、兰州等地。这是两次比较成功的团队考古活动,至于以个人名义来河西考察者,更是不计其数。1961 年,第一批国家重点文物保护单位名单公布,在入选的14座"石窟寺"中,敦煌莫高窟、瓜州榆林窟、天水麦积山石窟、永靖炳灵寺石窟就在甘肃。甘肃因石窟数量多、规模大、保存好、体系完整、艺术内涵丰富而有"中国石窟艺术之乡"的美誉。1990年至1992年,敦煌悬泉出土了2.3万多枚汉简。至此,甘肃出土汉简占全国出土汉简总数的百分之八十以上。1986年,天水市放马滩秦汉墓群出土了世界上最早的实物地图,为我国乃至世界科技史、地图学史增添了新的篇章。这些重大考古成果,不仅是中国考古学建立、发展及壮大的见证,也是中国考古学跻身世界的重要见证,更是华夏文明研究取得重大进步的标志。

《光明日报》
2013年4月11日

第十届全国博物馆十大陈列展览精品评选初评结果揭晓 甘肃大地湾遗址考古成果展等榜上有名

王兰芳

4月15日,记者在甘肃大地湾博物馆了解到,日前在北京召开的第十届全国博物馆十大陈列展览精品评选初评会上,经过初评评委会对符合参评条件的全国89个陈列展览项目进行了初评,最终选出涵盖历史类、艺术类、自然类、科技类、纪念类、进步类等六个类别的终评入围项目39个,其中我省"文明序曲——甘肃大地湾遗址考古成果展"(大地湾博物馆)、"红色甘肃——走向一九四九"(甘肃省博物馆)、"生命的形成和演化"(甘肃地质博物馆)、"热血陇原——八路军驻甘办事处与甘肃抗日救亡"(八路军兰州办事处纪念馆)、"和政四大古动物群化石展"(和政古动物化石博物馆)等榜上有名。

据了解,4月8日至11日,第十届(2011—2012年度)全国博物馆十大陈列展览精品评选初评会在北京召开。根据《全国博物馆十大陈列展览精品评选章

程(试行)》和《关于开展第十届(2011—2012年度)全国博物馆十大陈列展览精品评选工作的通知》的要求,由15位评审专家组成的初评评委会对符合参评条件的89个陈列展览项目进行了初评。本次初评会通过评审专家实名评分,共评选出2011年度19个、2012年度20个,合计39个终评入围项目,专业会计师事务所对评审专家评分进行了统计、复核工作。初评结束后,评选活动办公室将组织专家对终评入围项目进行实地复核,同时开展网上投票活动。最后评出最佳历史类展览3个、最佳艺术类陈列展览1个、最佳自然类陈列展览1个,最佳科技类展览1个,最佳纪念类陈列展览2个,最佳进步陈列展览2个。终评会暨颁奖仪式作为2013年"5·18国际博物馆日"主场城市活动的一部分,将在山东省济南市举行。

《兰州晨报》
2013年4月16日

大地湾以申遗为契机　争取建设大地湾遗址公园

张建新　刘永鹏

中华民族有文字的历史是五千年,从 8000 到 5000 年前是人类由蒙昧走向文明的一个转折时期。这一时期到底出现了什么样的灿烂文化,这一时期人类的发展脉络到底是一个怎样的趋势?寻找远古人类的脚印,寻找那些逝去的文明,这些,只有从大地湾去寻找答案。站在大地湾遗址前面,望着地下沉睡了几千年的远古文化,我们感慨万千地去一步步寻觅那些逝去的文化。

大地湾遗址位于甘肃省秦安县五营乡邵店村东侧,是我国二十世纪百项重大发现之一也是我国重点文物保护单位。在总面积 1.4 万平方米的大地湾遗址上出土了陶、石、玉、骨、角、蚌器等文物近一万件,其中国家级珍贵文物 300 多件。

从 1958 年公布大地湾遗址为省级文物保护单位,到 1978 年秋开始发掘,直至 1988 年被公布为全国重点文物保护单位,30 年来许多著名专家学者为大

大地湾遗址现场

大地湾遗址现场还原场景

地湾的保护和发展投入了大量的精力,并在 2011 年成功建成大地湾博物馆,为大地湾遗址文化的保护和发展传承做出了很大的贡献。

时至今日,大地湾遗址在我国的考古历史中依然占有很重要的地位。从发掘成果来看,大地湾遗址对我国研究原始社会新石器时代古文化遗存提供了重要的实物依据。秦安县以大地湾申遗为契机,积极推进大地湾遗址开发保护项目,建设大地湾遗址国家考古公园,实施原始村落复原、生态环境恢复、基础设施建设等工程。发展以大地湾遗址为载体的华人文化,将大地湾遗址更好地展现在世人面前,发扬传承。

华人西部网
2013 年 5 月 7 日

纪录片《华夏文明起源·甘肃》摄制组来秦安实地拍摄

汪敏刚

9月6日，由甘肃电视台和台湾慈济大爱电视台联合拍摄的电视纪录片《华夏文明起源·甘肃》摄制组深入秦安县大地湾遗址、大地湾博物馆、女娲祠、女娲洞等景点进行了详细的采访和拍摄。

拍摄期间，摄制组还深入到大地湾周边村落拍摄当地民居、农民生活场景、麦秆编织艺术，并采访当地民众，记录8000年文化在当地演变的历史，保存民间的文化艺术生活现状。

《华夏文明起源·甘肃》拍摄内容包括大地湾文化、仰韶文化、马家窑文化、秦文化等，拍摄采取讲故事的方式，采访当地民众和专家等。摄制组相关负责人介绍说，华夏文明的起源地在甘肃，我们在甘肃听到了许多的历史传说，也看到了好多的历史遗迹，甘肃的遗迹不但多，保存好，而且货真价实。甘肃还被国务院办公厅批复为华夏文明传承创新区，甘肃的文化底蕴深厚，是一个"很有说头"的地方，我们通过纪录片的方式向观众介绍甘肃的风土人情。

秦安县委外宣办
2014年9月7日

大地湾彩陶上发现中国最早可释读文字图

王志安

探索汉字的起源是中国学术界尚待完成的艰巨任务,一般认为在殷商甲骨文之前,最接近成熟文字、数量最多的刻画符号应该是陶文。目前出土的史前陶文资料已经不少,但它不像甲骨文那样有成文的篇幅,多为单个的符号。从新石器时代到商代晚期,已出土的陶文以大地湾陶文为最早,大约在距今 7800 年至 4800 年之间。大地湾遗址出土的陶器上发现的 10 多种刻划符号,有类似水波纹状的,有类似植物生长的,还有以直线和曲线相交形成的纹饰等。这些介于图画和文字之间的彩绘符号,在年代上早于半坡的刻划符号千年以上,又与仰韶时代种类逐渐增多的刻划符号有着非常密切的联系,甚至有些刻划符号与半坡的完全一致,这无疑为中国的文字起源提供了极为重要的资料和线索。郭沫若曾指出"彩陶上的那些刻划记号,可以肯定地说就是中国文字的起源,或者中国原始文字的孑遗。"[1]

此外,在大汶口文化、龙山文化、良渚文化等史前遗址也出土有陶文,不过这些陶文多是单个出现,或出现多个而无法辨认,对其释读都存在很大的争议,目前还没有发现一个可以完整识读和阐释原意的陶文。

那么,陶文到底是不是汉字?我们从马家窑文化彩陶中终于找到了答案,陶文中确实有

---

[1] 郭沫若:《古代文字之辩证的发展》,《考古》1972 年第 3 期。

可以释读的属于汉字系统的文字。

马家窑文化是中华文明的源头之一，以其绚丽繁缛的彩陶著称于世。马家窑先民在绘制大量光辉灿烂的彩陶图案的同时，也留下了丰富庞杂的刻划符号，只是这为数众多的图案和符号我们今天已难以解读。同时，这些图案和符号真实地反映着史前社会的生产生活实践，寄托着先民们的精神诉求，也是当时人们审美情趣和思想意识的真实表达形式，因此说蕴含着极为丰富的史前文化信息，而这其中必然包括文字的雏形。

说到马家窑文化彩陶文字的发现，最早要追溯到 2008 年。一次我在土木建筑设计工程师何安功家见到了一件马家窑文化半山类型彩陶，是他从甘肃临洮（马家窑遗址所在地）收购的，陶罐上面的人物画非常奇特，我当时认为那是蛙神，特别是蛙神下肢间硕大的女阴纹，使我联想起女娲的传说。那时我曾向何安功表示希望他把这件彩陶转让给我，让我好好研究一下，当时他欣然答应了，但由于我手头钱不宽裕，没有及时拿回来。

2009 年 9 月，中国定西马家窑文化研讨会召开时，我把何安功的那件陶罐借来摆在甘肃省马家窑文化彩陶博物馆中展出。在研讨会期间，何安功和来自全国的古文化研究专家一起听了我对图案的分析讲解：它上边的纹饰反映了远古先民心中的神圣的女蛙神，这是一种生殖崇拜和蛙神崇拜的结合图腾，并且其谐音（女蛙和女娲）给人以很大的联想空间。听了讲解之后，何安功对这件彩陶的价值有了新的认识，就不卖给我了，并将彩陶收回。然而当时我并没有发现它上边的文字符号，只是遗憾没有及时把这件彩陶买回来。但庆幸的是我把这件陶罐的照片编入了《马家窑文化研究文集》（光明日报出版社，2009 年），为后来"巫"字的发现埋下了伏笔。

2010 年下半年，我决定整理出版我研究马家窑文化的一些成果和资料，请了中国人民大学张全海博士作为助手。全海在整理我的研究资料时看到了这件彩陶照片上有几个精致规整的描画符号，就说这应该是文字，因为他先前在一些甲金著述中看到过这种文字图式。经过进一步的查考和比对，从甲骨（如《甲骨文合集 3》第 5660 片）、金石（如西周晚期的齐巫姜簋，图出自《商周青铜器铭文选 3》）和简帛材料中找到了这个符号（文字）的完整发展脉络，尤其是李零在《先秦两汉文字史料中的"巫"》一文中对甲骨文之后的"巫"字图式做了较为全面的梳理（载《中国方术续考》，东方出版社，2001 年版）。另外值得注意的是，这件陶罐上的四个"巫"字是写在奇怪人物的四肢上方位置，而这个阴部夸张突出的奇怪人物明显带有生殖巫术的意味，也就是说这应该是一个巫师的形象，而其所表达的意旨应该就是生殖巫术。鉴于这种特殊的图符互证形式，我们最终确定了这个符号就是中国最早的"巫"字，从而将"巫"字的产生年代向前推进了1000年。

这一发现令我们十分激动。为了找到更多的实物旁证，我们开始到处寻找有这个文字的彩陶。功夫不负有心人，今年夏天，我们在甘肃临夏居然找到了第二件这样的陶罐，其大小也和何安功的那件相似，但上面的"巫"字更多。更令人惊喜的是，这件马家窑文化半山类型彩陶，不仅非常精美，而且十分完整，图案也十分绚丽。我们对这件彩陶的出处进行了调查，了解到这件彩陶出土于距临洮县城仅有十公里的原临洮西乡二十里铺，这个地方在民族区域自治后归临夏州康乐县管辖，现称虎关乡关北村春树社，但历史上一直归临洮县管辖，习惯上叫二十铺，所以说与何安功的那件陶罐实际出土地点大致相同。鉴于此，我们毫不犹豫不惜巨资将这件彩陶收藏了下来。

获得这件宝贝之后，我们很快把喜讯也告诉了何安功，他看到我们为了研究中华文化如此投入痴迷，就再次答应将他的那件彩陶转让给我们，于是很快两件稀世珍宝就走到了一起。如今摆在了马家窑文化彩陶博物馆中公开展出，展示给更多的观众，为广大的研究者提供实物参考。

仔细观察这两件彩陶的图案和符号（文字），前面已经提到，罐上的"巫"字并不单单是一个孤立的文字符号，它与图画内容紧密地配合在一起，应该是对图画的注解。"巫"字的发现同时也使我对这个神秘图案有了全新的认识，显然，这幅图画上的形象就是一个与天地沟通的大巫，这个"巫"就是古人心目中崇拜的能够抵御洪水、战胜灾难、沟通天地、招来福祉并有强大生殖能力的蛙神化身。因此这个"巫"字虽然只是单个存在，但它与表达巫的陶画组合在一起出现，我们就不能把它看作是一个不知意义的符号，显然它已经成为一个有明确含义的中国汉字。

关于巫字，今天的含义和远古时期截然不同。随着科学的进步，许多自然现象的秘密都已经被揭开，今天人们已不再崇拜自然界的动物和某些首领的超自然神力。今天人们对巫的认识，就是装神弄鬼的人。巫婆，就是用妖术为人祈祷求神的女人；巫师，就是指替人祈祷的装神弄鬼的人；巫术就是指心怀恶意地使用咒语、妖术和诡计；妖术，常常是装神弄鬼骗人的手段。而巫师、大巫，在远古时代，却不认为是普通人，他们是能够和上天、神灵进行对话和沟通的人，是吸

附了自然界某些神圣动物的灵性而具有超自然神力的人或动物之灵。他可以代人向神鬼报功祈福,并转达鬼神降福之音的人,即巫祝,就是上天和神的使者。在古代,"巫"是由氏族的领袖们兼任的,比如:传说中的大禹,不仅仅是一位善于治水的英雄,而且也是一位大巫。由于巫能够与上天沟通,他们又兼任着部落的首领,成为王之后,就是天子,代表着上苍的意志统治四方。在中国古代各个朝代都有祭祀活动,也都有巫舞的存在,比如在楚国祭神的大型歌舞《九歌》中,就是由巫觋扮演神的形象,身穿彩衣,佩带美玉,手持长剑,翩翩起舞。巫舞跳起来难度很大,技艺高超,一般人不能为之。另外,跳巫舞的人不但善舞,而且貌美,很能吸引、迷惑他人。由于"巫"和"舞"是同音,"巫,以舞降神者也",所以巫"降神"的主要手段是舞蹈。

"巫"字还有一层意思,在认为万物都有灵性的那个远古时代,先民们把神和鬼也并没有一视同仁地对待,而是把他们分成了不同的类型。巫既然能够与上苍和主宰人的命运的神沟通,可以取悦正神大神,祈求赐给人们福祉和平安,同时也可以降伏作恶的神灵,为人们免除灾难,佑护安康。所以,彩陶上的"巫"字就代表着巫的活动,向神鬼报功祈福,并转达鬼神降福之意。也代表着当时先民需要的安居乐业、免除灾难,健康幸福等期盼。

既然"巫"字有这样重要的含义,那么它成为中国最早出现在彩陶上的文字就不无道理了。

我们知道,马家窑文化彩陶是经过一千摄氏度左右的高温烧制而成的陶器。但绘制彩陶是在未烧制之前完成的。当时的陶工是一批专业绘制彩陶的先民,他们长年累月地画陶器,有按照巫的旨意程式化作画的专业水平,所以马家窑文化的彩陶绘画非常精美,它上面的纹饰有明显的程式规范。所以这件彩陶上出现的远古文字并不是陶工的随意之作。这个字在当时应该已经正式产生,并被当时的上层社会所认可和使用。

谈了"巫"字的出现和含义之后,让我们再从这个字的书写形式上来看看原始的中国书法。

书法,顾名思义就是书写文字的方法,到后来随着时代的发展,历史的进步,经过历代书写者和研究者的不断努力和创造,书写的方法又进一步变成了写字的艺术,即书法艺术。

显然,"巫"字的书写,只能说它是原始的书写方法,还不能上升到书法艺术的高度。当时写字,几近于作画,也可以说是在画字。无论写还是画,它却是后来书法艺术产生的最重要的文化源头。

这两件彩陶上的"巫"字是怎么写成的呢？首先我们要确定，这些纹饰图案和字是当时的陶工所为，是在彩陶还没有烧制之前就画或写在上边的。他们所用的颜料是矿物质，黑色是氧化锰，当然"巫"字使用氧化锰写上之后经过800~1000摄氏度的高温烧制就牢牢地附着在彩陶表面，成为黑色纹饰，永久地保留下来。

那么先民们使用什么工具在彩陶上写字的呢？显然，他们用的工具是毛笔，说明当时的先民已经发明了毛笔。除了毛笔，用其他工具绘制的彩陶上千变万化极其丰富的图案，都无法达到这种效果，这就是说我们中华民族在五千年前就已经用毛笔写字了。

那么先民们在写字的时候，有没有法度呢？可以看得出来，先民在写这个"巫"的时候，用笔率意，毫不修饰，直接落笔，顺势完成。在写横划的时候，入手处并不回笔，而落笔处却有略停收圆之势。在写竖划的时候，可以看得出，运笔的笔势是自上而下，运笔自如。值得注意的是，在写横划的时候，和我们今天的运笔习惯相反，不是自左而右，却是自右入手再向左运笔，顺势收圆驻笔。这种运笔方法可能与先民的运笔习惯有关，显然创作这件作品的先民是使用左手拿笔的。而这一现象，在两件"巫"字陶罐上的表现是如出一辙的。

这些写字的方法尽管简单，但是远古时代先民们处在非常险恶的生存环境中，没有金属的概念，人类生存在只有木水火土的环境中，生产和生活十分艰难。他们靠磨制的石器与自然做斗争，他们每天要和威胁他们的野兽及恶劣的自然灾害斗争，在那个生产力极其低下的年代，我们的先民居然开始创造文字，为人类文明的进程拉开了历史的大幕。同时发明用毛笔写字，开始了最早的书法创作活动，为中华民族源远流长的书法艺术拉开了原始的帷幕。这不得不令人惊叹！

大西北网，《中国文物报》
2014年11月8日

文眼聚焦之"大地之光"

王 彬

大地湾,在甘肃省天水市秦安县。

在大地湾博物馆看到大地湾的模型:两座秀丽的山峦,中间是一条河流,叫清水河。清水河是葫芦河的支流。葫芦河的下游是渭河。在渭河流域的范围里,大地湾不过是一方小小的台地,周围有刘家湾、马家湾之类的村子。湾是河流拐弯之处,村子沿河湾而设,因此皆缀"湾"字。而"大地"则是较为平整的大面积的土地吧!

路经秦安县城的时候,看到一块路标上写着"女娲庙"三个字。可惜时间仓促来不及拜谒。在这之前还看到一方"街亭"的路牌,也由于时间的关系,没有下车,只是在穿过县城的时候看见一座仿古的小亭子,位于道路一侧,四角微举起,筒瓦纤巧,呈现一种柔嫩的灰的色泽,而天空是如此蔚蓝,可惜风似乎大了些。

从博物馆出来,我们来到大地湾原始村落遗址,看到几座小房子,圆锥状的,两面坡的,还有复杂些的,在坡顶的上部构筑一座小窗,入口的地方又修建一个小小的入口,上面也支着倾斜的屋顶。这些屋顶的下面是新石器时代的房屋遗存,火灶的残址与类似床的土台。土台细窄,现代人躺在这里只能将身子蜷起来,先民呢?也会如弓一样曲折身子吗?也许会是这样吧!一时思索不清。我注意到固定屋柱的浅窝,有一种向内倾斜的角度,四根柱子按照这样的角度竖起来,自然会形成一个尖锥形状。在村落的深处保留着两处很深的探坑,我目测了一下,大概有三米深,为了保护遗址,搭建了类似工棚式的建筑,深栗色的钢梁上面覆盖着白色的水泥瓦。

大地湾原始村落遗址种了不少叫洋姜的植物,纤长而绽放黄色的花朵,很像是欧洲人称呼的"玛格丽特",那也是一种植物的花朵,北京人叫"鬼子姜"。我年轻的时候,曾在一座火车站后面的胡同挖沟,为什么要做这件事,现在一点也回想不起来。火车站的围墙不高,站在抛出的土堆上可以看到喷吐白色蒸汽的机车,乌黑的车身因为蒸汽的缘故而透出几分润泽,由于同样的原因,巨大的

第三章
关 注

轮毂闪眨着红色的光芒,而那光芒也显得有几分迟重湿润了——鬼子姜,也就是洋姜,就生长在路轨一侧的围墙下方,它们现在还好吗?

清水河上有一道小桥,桥的对面是大地湾。在那里有一处很大的院子,院里有一座类似厂房的展室,入口之处突出,而在入口的右侧被扒出一个宽阔的豁口,工人推着手推车将松黄的泥土推进去。我们也从豁口进去,发现里面有更多的工人,将推进来的黄土扒开、铺平。而展室的中央还有一座简易的房子,透过窗户可以看到里面有一块洁白的地面,在暗影中发出清寂的光泽。我把照相机贴近窗玻璃,拍了几张照片。同行的秦君说,这就是大地湾的著名遗址,是国家一级文物,有130平方米,其坚硬度超过今天的100号水泥。有人问工人你们试验过吗?工人说哪敢,是要判刑的!展室内部四周有一圈木质栈道,秦君说原来只能站在栈道上观看,这么近的距离还是第一次。想到我们目睹的是七八千年以前的先民遗迹,怎么想都难以不翻涌感喟的微澜。

院子里也在施工,院子右侧,展室的前方,有一个工人在靠近围墙的位置做电焊,不时发出瑰丽的暗蓝色的弧光。工人很多,各自做自己的活,但是听不见一丝声响,都被秋季的田野吞噬了。

我们走出院子拍了几张照片。院外左侧是层层台地,林立茂密而高耸的玉米,修长的叶片有些枯萎。这是成熟的季节了,靠近大道的玉米已经收获,不仅将玉米掰掉,而且将苍绿的茎秆收割,没有了庄稼的土地欢快起来,褐色的润泽平展而一派安详。一位妇女从远处的阡陌缓缓走来,那是一个头戴白色帽子的农村妇女,背上驮着什么东西,因为远而难以看清。山阿连绵,林树静穆,而另一侧的山谷更为辽阔,远山苍茫,其后是更加巍峨的大山,与灰白的云团交织仿佛钢灰色的暗影。我们的先民就是在这里生息繁衍啊!

刚才,在大地湾博物馆展室,我见到一尊人面泥瓶。这是一个橄榄形状的瓶子,细颈小口广腹圈足,瓶颈有一个人脸雕像,瓶子是赭红色,十分妩媚的,晚霞一样的颜色。在大地湾博物馆以及临县张家川"马丑子"的陶器陈列馆——这是一个企业家自己创办的陈列馆,我见到了许多彩陶:红色夹砂,或者红色细泥的陶器。由于地方狭窄,大大小小的陶器兄弟肩并肩地拥挤在玻璃展柜里。如果在一个讲究的展室,每一件陶器都会拥有自己的展台,明亮的光束从高处纤细地投射下来,既古老又美好,而在这里,没有这样的环境,不像是在天水市博物馆。

在天水市博物馆,有几只陶器的纹饰引起了我的兴趣。十字纹的、曲折状

的、一字与二字，以及断续的一与二字形状的花纹。有一只格外引起我的注意。这是一只肩部施以"卍"字形状的红色陶罐。说明牌上写道："网格回纹双耳罐；时代：马家窑文化；马厂类型（距今4310年至4010年）；来源：2008年社会征集；收藏：天水市博物馆。"这只陶罐，是从大地湾征集的吗？或许是吧。然而，我怀疑说明牌的文字不够精准，怎么会是"回"字，应该是"卍"字纹吧！四个"卍"字各自占据一个圆圈——收藏家常说的开光，分布于罐子四周，接近罐口的地方是黑色的纵线，开光周围的空隙涂满黑色，而下面则是一条浅浅的弧线，把红色的陶罐划为两个世界。见到这个图案，我十分惊诧：卍，梵文作Srivatsa，意为"吉祥海云相"，是佛祖的心印，北魏的菩提流支译为"万"字，而鸠摩罗什则译为"德"字，意取万德庄严而强调佛的无量功德。

在我的知识库里，佛教传入中土始于东汉明帝时代，相当于公元一世纪的六七十年代，距今近两千年，而这只陶罐距离我们已有四千年了，在那时，"卍"这个符号就已经出现，那么自然与佛教无关，这怎能不令人惊诧！回家以后查阅资料才知道："卍"这个符号，在世界不少地方，西欧、北美、南美、西亚、古希腊的克里特与特洛伊、早期的基督教与拜占庭文化中都有发现。最早的"卍"字发现于我国的彭头山文化遗迹之中，距今大约几千年了，而印度则晚矣，会不会是中土向印度的输出呢？这是不妨玄想的。

当然，在大地湾遗址，还可以进行更多玄想。而天水这个地方也的确神奇，伏羲与女娲，葫芦、洪水，关于兄妹、八卦，关于抟土造人……这些汉民族的人文曙光，在以往的典籍之中，蒙上了许多神秘的光环，而大地湾遗址的发现与那些美丽的彩陶，则在不同程度印证了上古传说并不是空穴来风。至少，那些遗址与那些彩陶，有待我们继续辨认，行走于此，怎么想都是奇妙得难以置信，而这时，如海的苍山光泽开始暗淡，落日渐次转为春桃一样美丽的颜色了。

《人民日报》
2015年11月18日

大地湾遗迹之最——中国最早的混凝土

长期从事甘肃史地研究的天水学者安志宏说,所谓的大地湾"混凝土"地面,其实就是古人打磨石器过程中产生的碎石粉末与水、沙混合后的凝结物。

被学术界评定为20世纪中国百项考古大发现之一的大地湾遗址,位于甘肃省天水市秦安县境内。1978年,考古人员发现了一片面积达130平方米的坚硬平滑地面。专家鉴定,这片灰青色的地面不但含有与现代混凝土相同的"硅酸钙"成分,而且平均每平方厘米抗压强度在120公斤左右,相当于今天100号水泥砂浆地面。

"5000年前的大地湾人就已经能够制作和使用'混凝土'!"这一发现让全世界震惊,并为大地湾创造了一项世界奇迹。带着疑问和困惑,考古学家和建筑专家们开始寻找答案,可20多年来,人们始终没有弄明白,大地湾人是如何发明"混凝土"的,它的原料又是什么?

"大地湾'混凝土'的发明其实来源于古人打磨石器中的经验总结。"安志宏说,大地湾出土器物以磨制石器居多,大地湾人在打磨石器时,不断有碎石和粉末产生,为了防止摩擦发热和钻孔时打滑,他们不断地往石器上加水和沙子,无意间,石粉、沙子和水自然混合产生了凝结——原始"混凝土"可能就这样被偶然发明了。

面积达130平方米的F901宫殿式建筑主室,全部为料礓石和砂石混凝而成类似现代水泥的地面,充分显示了当时生产力的提高和建筑技术的发展。

在面积达130多平方米的主室,地面由一种类似于现代水泥的混凝土铺成。在F901主室西北侧,可以看到一块清理出来的一平方米左右的青黑色混凝土地面,这是考古工作者特意留置的。记者以手抚摸,感觉光滑平整。甘肃省文物考古研究所副研究员郎树德手持文物铲轻轻敲打,铿锵之声清晰可闻。

敦煌研究院文物保护专家李最雄综合国内外著名水泥专家和材料分析专家的意见后确定:地面平均强度为每平方厘米抗压120公斤,相当于今天的

100号水泥砂浆地面；可以断定，这是目前世界上最古老的混凝土。

考古发掘表明，大地湾其他房址也大量存在混凝土地面。这说明由料礓石和砂石混凝而成的混凝土技术已被5000年前的大地湾人熟练掌握和广泛使用。至于混凝土技术何时发明，又如何制作，尚不得而知。

此外，考古工作者在发掘时还发现，大地湾人在混凝土地面之下还使用了一种可防潮保暖、坚固地基的类似现代"轻骨料"的建筑材料。这些东西状如糯米粒，颜色各异，中空有隙。我国现代建筑发明和使用"轻骨料"，有据可查的始于清代晚期。

主持大地湾遗址发掘、保护和研究工作的考古学家郎树德先生说，F901除了它的这些神奇和伟大之处外，还和其他200多座房址一起，构建出一个大地湾先民从穴居到房居的完整演进序列。这些从8000年前到5000年前的房屋遗址，可谓中国史前建筑发展史的一块"活化石"。

凤凰网

2016年1月12日

大地湾大房子：部落开会的"原始殿堂"

许永杰

在我的考古生涯里，甘肃秦安大地湾遗址是我发掘过的最著名的遗址，F901号大房子是我清理过的最著名的遗迹。

F901号大房子属于仰韶时代晚期的大地湾类型遗存，位于山前台地的前缘，坐北朝南，背后是宽阔的河谷，面前是平缓的山地。《秦安大地湾》发掘报告这样写道："这是一座占地420平方米、保存较完整的多件复合式建筑，它不仅是本遗址面积最大、结构最为复杂的房址，而且也是我国新石器时代考古发现中迄今所见规模最大的宏伟建筑。"整个建筑布局井然有序，主次分明，以长方形主室为中心，两侧扩展为与主室相同的东西侧室，后有后室，前有敞篷。房屋地面坚硬、光亮、平整，是用极像今日水泥的材料制成的；墙体是用草拌泥制成的，内插直径约0.1米粗的木骨，深入地下1米余，墙壁的内侧设扶墙柱；主室中部设有蘑菇状地面灶台，直径约2.6米；主室中部偏后有两个顶梁柱，左右对称，直径约0.5米；主室前墙设门，宽约1.1米。室内出土30余件器物，尤以主室出土的9件非日常生活用具的陶器引人注目。报告认为："它应是部落或部落联盟的公共活动场所，用于集会、祭祀或举行某种宗教仪式。换言之，它是大地湾乃至清水河沿岸原始部落的公共活动中心——一座宏伟而庄严的部落会堂。"著名史前考古学家严文明誉其为"原始殿堂"。

发掘期间，建筑考古学家杨鸿勋曾到现场考察，其后他在为苏秉琦《关于重建中国史前史的思考》所作注释中是这样描述的：位于大地湾河岸阶地上类似"坞壁"聚落的中部，是一幢多空间的复合体建筑。主体为一梯形平面的大室，面积约130平方米。主室前面有三门，中门有突出的门斗，室内居中设直径2.6米的大火塘，形成轴对称格局。主室后部有后室，两旁有侧室，前部有敞篷。整组建筑面向西南，是古人推崇的艮位。其特点是：1.位于聚落中心；2.为全聚落最大建筑，并为庄重的对称格局，强调中轴线对称；3.开放性的主室具有堂的性质；4.敞棚是所谓的前轩，"堂"前设"轩"大有"天子临轩"的味道；5.堂的正面并

列三门沟通前轩,反映实用上的群众性和礼仪性;6."前堂后室"并设"旁""夹"的格局与史籍中的"夏后氏世室"形制相合;7.堂内伴出收装粮食的陶抄及营建抄平用的平水等,是部族公用性器具。总之,可以推测F901为当时部落社会治理的中心机构,也是部落首领的寓所。

大地湾大房子的出现,表明仰韶时代晚期的大地湾社会业已高度复杂化,中国考古学的泰斗苏秉琦将大地湾遗址的F901号大房址与燕山北侧红山文化的牛河梁"冢坛庙"、太湖之滨良渚文化的瑶山和反山祭坛一同视为距今五千年中华文明曙光期的满天星斗。

《广州日报》
2016年1月31日

带你回到 8000 年前的人类社会

——大地湾考古遗址公园展示原始社会遗存

王小英

8000 多年前先民的生活场景,你若无法想象,大地湾遗址或许能给你答案。

五营乡邵店村位于甘肃省天水市秦安县东北部,大地湾人类古文明遗址就在这个小村庄,它是我国保存较为完好的一处原始社会新石器时代的文化遗存,总面积 32 万平方米。

雷洁是大地湾史前博物馆的讲解员,旅游旺季时,要来回穿梭在博物馆和大地湾遗址之间,向来只说华夏文明 5000 年,每次雷洁讲述八千年前先民是如何生活时,总会看到游客从怀疑到震惊的神情转变。

6 月 23 日,"脱贫决胜看陇原"全国百家网络媒体甘肃行来到这里,感受史前文化。1958 年文物普查时这个遗址被发现,1978 年至 1984 年,甘肃省文物工作队对这里进行了历时 7 年的连续性考古发掘,出土陶、石、玉、骨、角、蚌器等文物近一万件。其中国家级珍贵文物 300 多件;发掘房址 241 座,灶址 104 个、灰坑和窖穴 321 个、窑址 35 个、墓葬 70 座、壕沟 9 条,几乎是一座历史文化的宝库。

据考证,大地湾遗址大致可分为五期文化:前仰韶文化、仰韶文化早、中、晚期和常山下层文化。该遗址刷新了六项中国考古之最,即中国最早的旱作农作物标本、中国最早的彩陶、中国文字最早的雏形、中国最早的宫殿式建筑、中国最早的"混凝土"地面、中国最早的绘画。

2009 年,为了更好地保护大遗址,国家文物局提出建设"国家考古遗址公园"的重要举措,考古遗址公园也是大遗址综合保护、展示与利用的最好途径。

2013 年 4 月,大地湾正式启动了建设大地湾国家考古遗址公园申报立项工作,2013 年 12 月经国家文物局批准立项建设。2015 年 7 月完成最终修改稿并开始实施。

甘肃大地湾文物保护研究所负责人田多胜介绍,大地湾遗址国家考古遗址

公园建设项目预计投资 5 亿元左右，分近、中、远三期实施，建成后将集文物保护展示、趣味性、知识性于一体，更生动地展现五期文化遗存。

依托丰富的文化旅游资源，秦安县把文化旅游业作为第三产业的"龙头"来抓，全面整合特色文化、自然风光、人文景观等文化旅游资源，以建设华夏文明传承创新区和中国历史文化名县为目标，开发利用女娲文化、大地湾文化、三国文化、民间民俗文化，促进文化与旅游的深度融合，文化旅游业的综合实力和市场竞争力不断增强。

央视网

2016 年 6 月 25 日

秦安大地湾遗址揭开华夏文明 8000 年秘密

钱程山

今日,全国百家网媒记者团一行来到了位于甘肃省天水市的秦安大地湾遗址,共同探寻华夏文明起源。

大地湾遗址对于建立渭河上游史前文化序列、研究黄河流域新石器文化的产生发展以及探索中华文明起源的历史进程具有十分重要的意义。其乃我国保存较为完好的一处原始社会新石器时代的文化遗存,总面积 32 万平方米。分为五个文化期,最早距今 8300 年,最晚距今 4800 年,有 3000 年文化延续。其规模之大、内涵之丰富,在我国考古史上亦属罕见。该遗址刷新了中国六项考古之最,即中国最早的旱作农作物标本、中国最早的彩陶、中国文字最早的雏形、中国最早的宫殿式建筑、中国最早的"混凝土"地面、中国最早的绘画。

记者团一行首先来到了大地湾史前遗址博物馆。首先映入眼帘的是用黄土泥层装饰的建筑外观,其与周围的地质地貌、自然环境、古文化遗存协调一致,呈折线型延伸到古河道边,处于半地下状态,建筑风格古朴宏大。该展览以"文明序曲——大地湾遗址考古成果展"为主题,分为"发掘保护""岁月遗痕""陶风彩韵""光华永续"四个单元。

据甘肃大地湾文物保护研究所负责人田多胜介绍,为更好地保护文物,传承文化,近年来该所致力于大地湾遗址国家考古遗址公园建设,并分近、中、远三期实施。建成后将集文物保护展示、趣味性、知识性于一体,更好地展现新石器时代中期及前后黄河中游地区旱地农业文化的卓越成就,对研究黄河流域新石器文化的产生、发展及探索中华文明的进程具有十分重要的意义。

来自中国吉林网的记者金作超说,早就听说了"丝绸之路三千里,华夏文明八千年"的说法,但对于八千年的来历却一直没明白。这次来到大地湾遗址才知道,这里能追溯到 8000 年前,馆内的文物看了令人震撼。

东方网

2016 年 6 月 24 日

专家考察手记：大地湾秘密

冯喜成

4月2日下午，由兰州城市学院、《甘肃省社会科学》杂志社、《丝绸之路》杂志社、中国甘肃网、中国文学人类学研究会甘肃分会、陇中文化研究所等联合主办的丝绸之路甘肃段语言文化调查活动在秦安县正式展开田野调查。4月3日，调查组走进熠熠生辉的大地湾，对这里厚重的文化展开深入调查。

位于秦安县五营乡邵店村的大地湾遗址，是8000年前原始先民在中华大地上繁衍生息、首创文明的历史见证。悠悠岁月，漫漫长河，大地湾数千年怅然沉睡。近年来层出不穷的考古发现，终于翻开了这部尘封已久的史书，展现了原始人类创造历史、书写辉煌的精彩画卷。

世界上诸多重大发现都是在不经意间完成的，当种种偶然的因素相结合成一种必然时，一个令人惊叹的奇迹往往就会破土而出。1958年，甘肃省文管会组织的泾渭文物普查小组工作人员途经秦安县五营乡，夜宿当地小学时，在校舍窗台上意外地发现了几件仰韶文化彩陶，工作人员询问出土地点，当地老乡称在"大地湾"时有出土，大地湾遗址因此被发现。

那是 1976 年 4 月的一天，二十岁刚出头的张德禄和大伙在村旁陡坡地修梯田时，突然用铁锨翻出一个奇特的"花瓶"——头是女人头，惟妙惟肖；身为葫芦身，通体彩绘。他出于好奇，就将这个"花瓶"带回家，小心翼翼地摆放在柜子上。1978 年初，甘肃省文物考古工作者来到邵店村，与秦安县文化馆工作人员一道开展文物普查收购工作，张德禄便将"花瓶"上缴给了文物普查小组。现年 56 岁的张德禄提起这段如梦如烟的往事时感叹不已："要是当时一锨背敲下去，或者听家人的话扔掉，那就成了永远无法弥补的遗憾。"

人头型器口彩陶瓶是原始社会杰出的艺术珍品，它问世后，随即揭开了大地湾考古发掘工作的序幕。从 1978 年至 1984 年，甘肃省文物工作队对遗址进行了为期七年的考古发掘，1995 年又进行了补充发掘，发掘总面积为 14752 平方米，共发掘出各类房址 241 座，灶址 104 个，灰坑和窖穴 325 个，墓葬 79 座，窑址 35 个，沟渠 12 段。累计出土器物 8367 件，其中陶器 4204 件、石器 1937

217

件、骨角牙蚌器2226件。1990年至2003年,甘肃省文物考古研究所全面开展了整理和编写大地湾发掘报告工作,于2006年正式出版。

水是生命的源泉。清水河古称略阳川水,是葫芦河的第一大支流。先民们在远古的生活中都会"择水草而居"。大地湾发掘出土的房址、墓葬、灰坑均位于较宽阔的河旁二级阶地,这里依山傍水,气候适宜,土壤肥沃,宜于农耕,既可躲避洪水的侵袭,又有取水的便利,周围台地可供农作物生长,附近的山坡是狩猎的理想场所。无疑,这里优越的自然条件为原始农业的发展和先民的定居生活提供了必要的保证。

火是文明的象征。2007年5月16日傍晚,大地湾原始复原村落的草地上,一堆堆篝火熊熊燃起,一群群披头散发、树叶蔽体的男男女女围站在一起戏耍嬉闹,突起的火苗映红了他们的脸膛,毕毕剥剥的声响平添了几分幽趣,那悬着的猎物被烧烤得流油溢香……这是摄制组组织天水市艺术学校12名学生演绎再现大地湾先民古朴而浪漫的生活场景。原始先民对火情有独钟,他们在筑造的房屋前堂都掘有一个火坑,它既可以御寒保暖,又可以防范野兽的侵袭。在火坑的后端还凿有一个小洞穴,专门用于保存火种。

房屋是定居的标志。从大地湾遗址发现的各类房屋建筑看,当时的人们早已脱离了洞穴或树木之上的居住方式,开始修筑房屋以适应定居生活。他们的居住方式经历了从全穴居到半穴居再到跃升地上实现屋居的过程,地面也由草泥土演变成坚硬的料礓石或平整的白灰面建筑,这时还出现了套间或多间房屋。值得一提的是,集中体现当时建筑水平的当属F901大型殿堂式建筑。

秦安县委外宣办
2017年4月3日

《一画开天》：讲述伏羲女娲在天水大地湾的创世神话

张兰琴

一画开天，万理蕴藏，光耀千秋，大哉羲皇！一场盛世华美的舞台剧，一段开天辟地的人类发源史，在风雷火魔、星河璀璨中把观众一次次引入伏羲女娲的创世神话。这是6月21日晚在天水秦州剧院上演的大型舞剧《一画开天》，该舞剧作为第28届中国天水伏羲文化旅游节"羲里秦声"天水优秀剧目展演活动，为22日上午9点50分举行的2017（丁酉）年公祭中华人文始祖伏羲大典拉开了帷幕。

《一画开天》在序幕《天道循环》中开场，分《始祖诞生》《携手创世》《人间乐园》《女娲补天》《一画开天》和尾声《和谐永恒》7个章节，讲述了7000多年前的古成纪（今甘肃天水），在葫芦中长大的伏羲、女娲兄妹携手创世，女娲抟土造人，伏羲网罟渔佃、俪皮为礼、以龙纪官、刀耕火种、结绳记事，在天水大地湾建立中华文明发源地。各部族拥戴伏羲，伏羲立九部、设六佐，以龙为图腾的中华民族开始初步形成，但一场灾难打破了大地湾的和谐，不周山倒塌，天河水顿泻，伏羲女娲在灾难中生离死别，为救万物生灵，女娲化作一块彩石以身补天。最后，在卦台山上，伏羲感慨生命的无常，自然的无穷，在龙马负图、河图洛书的

启示下，瞬间顿悟天地人和阴阳宇宙的万象生机，一画开天，肇启鸿蒙，创立了人类早期的"先天太极八卦"，创建出璀璨辉煌的中华文明的神话故事。

中国甘肃网

2017 年 6 月 22 日

后 记

编写这本资料图书花费了很大的精力，投入的人力也很多。杜臣弘宇是前期的总负责，组织大家去了好几趟大地湾，搜集了一些资料。艾青、魏新越是后期的总负责，几次去秦安寻找相关的资料和照片。甘雯负责论文的摘编，这是最为重要的一部分；陈柏良负责网络文章的搜集与整理，陈双梅、赵玉笛负责新闻稿件的整理。在此，对他们的工作表示感谢！

还要感谢那么多的先贤们，我们在摘编他们的文章时，不仅学到了知识，还被他们的精神深深地感染。这些精神、态度和方法将极大地影响我们以后的学术生涯。大概还有一些未搜集到的文章，没有收到里面，在此表示抱歉！

感谢秦安县各级领导的大力支持！在此就不一一列举姓名了。

感谢敦煌文艺出版社！他们是近些年来甘肃出版界逐渐升起的明星，能够得到他们的帮助是我们的荣幸。

最后要感谢大地湾！

徐兆寿
2018 年 12 月